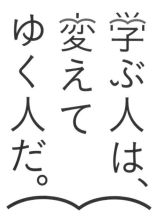

学ぶ人は、
変えて
ゆく人だ。

目の前にある問題はもちろん、

人生の問いや、

社会の課題を自ら見つけ、

挑み続けるために、人は学ぶ。

「学び」で、

少しずつ世界は変えてゆける。

いつでも、どこでも、誰でも、

学ぶことができる世の中へ。

旺文社

JN036259

大学入試 全レベル問題集

英文法

国士舘大学教授 小崎 充 著

3 | 私大標準レベル

三訂版

はじめに

『大学入試 全レベル問題集 英文法』シリーズは、レベル1〜5の5段階で構成されています。高校1・2年生の基礎固めのレベルから、私大中堅〜上位校、さらには難関大レベルまで、すべてのレベルの問題がそろっているので、皆さんの今の実力にぴったり合った1冊で入試対策をスタートできます。大学入試で問われる英文法に関する知識を、入試過去問題で定着させながら段階的にレベルアップしていき、最終的には志望大学合格レベルまで着実に得点に結びつけられるように編集されています。

大学入試で出題される文法問題には、長文読解問題とは異なる難しさがあります。長文読解問題では、数百語の長さの文章が与えられているため、わからない部分があったとしても、前後、周辺の文脈から意味を推測することができます。しかし、文法問題では、わずか1〜2行程度で示される英文の意味を文脈による推測に頼らずに正確にとらえ、正解を導く必要があるのです。

本シリーズに掲載する演習問題を選定する際に最も注意を払ったのは、大学入試で問われる重要文法事項をできる限り広く扱うのは当然として、皆さんが問題を解いていく中で、文の意味を確定する力となる"文脈推理力"を高めていくのにより効果的な問題を、可能な限りたくさん含めることでした。

ですから、この問題集を利用して学習することで、英文法の知識が確かなものとなるだけではなく、文脈を想像する力が増強されることで、文の意味をより正確にとらえることが可能になり、長文読解問題に取り組む際の強力な武器を手にすることになるでしょう。そして、それは大学でも、さらには社会に出てからも、皆さんにとって大きなアドバンテージになるものと信じています。

小崎　充

目　次

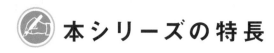

本シリーズの特長

「大学入試 全レベル問題集 英文法」シリーズには以下の特長があります。

1.「例題」⇒「押さえる」⇒「差がつく」の3部構成

　　本シリーズでは，それぞれの文法項目の知識を皆さんに徐々に深く身につけてもらう目的で，次のような3段階での学習を提案しています。①まずは簡潔に文法事項をおさらいするための**例題**，②基礎問題の**「押さえておきたい6題」**，③応用問題の**「差がつく15題（10題）」**の3段階学習です。「差がつく」が全問正解できるようになると，実際の入試で本書と異なる設問形式で問われても対応できるような力がついているという目安になります。

2. 学習効率重視のレイアウトと出題

　　本シリーズでは，なるべくコンパクトな形の問題演習を目指しました。見開きページ内で**問題と解答解説が1対1で見られるようなレイアウト**となっているのも，読者の皆さんにリズム良くどんどん解いていってほしいからです。また，知識の定着を最大の目的としているので，四択問題や整序問題などの**スタンダードなタイプの設問形式を中心に**収録問題を選出しています。

3. 入試過去問題から良問を精選

　　本問題集に収録されている問題のほとんどが，**実際の入試で出題された過去問題**です。過去15年分以上，約6万5,000件の入試問題データから，レベル3に適した約300題を精選しました。

4. 総仕上げ——ランダム問題で真の実力を養成

　　実際の入試では，どの文法項目が対象となって出題されているのか，明らかにはされていません。まず，本書の第1〜12章では知識の整理と拡充をするため，それぞれの文法項目に分けて問題演習を行います。各文法項目ごとにしっかり学習を終えたあとは，巻末の**いろいろな文法項目からランダムに問題を集めた「ランダム30題で力だめし！」**に取り組みましょう。このランダム問題は，本書の卒業テストの位置づけです。不正解だった問題は，解説中に示された章に必ず戻って，しっかりと復習しましょう。

志望校レベルと「全レベル問題集 英文法」シリーズのレベル対応表

* 掲載の大学名は購入していただく際の目安です。また, 大学名は刊行時のものです。

本書のレベル	各レベルの該当大学
① 基礎レベル	高校基礎〜大学受験準備
② 入試必修・共通テストレベル	入試必修・共通テストレベル
③ 私大標準レベル	日本大学・東洋大学・駒澤大学・専修大学・京都産業大学・近畿大学・甲南大学・龍谷大学・札幌大学・亜細亜大学・國學院大学・東京電機大学・武蔵大学・神奈川大学・愛知大学・東海大学・名城大学・追手門学院大学・神戸学院大学・広島国際大学・松山大学・福岡大学 他
④ 私大上位レベル	学習院大学・明治大学・青山学院大学・立教大学・中央大学・法政大学・芝浦工業大学・成城大学・成蹊大学・津田塾大学・東京理科大学・日本女子大学・明治学院大学・獨協大学・北里大学・南山大学・関西外国語大学・西南学院大学 他
⑤ 私大最難関・国公立大レベル	[私立大学] 早稲田大学・慶應義塾大学・上智大学・関西大学・関西学院大学・同志社大学・立命館大学 他 [国公立大学] 北海道大学・東北大学・東京大学・一橋大学・東京工業大学・名古屋大学・京都大学・大阪大学・神戸大学・広島大学・九州大学 他

著者紹介：**小崎 充**（こざき まこと）

北海道生まれ。東京外国語大学外国語学部英米語学科卒。同大学院修士課程修了。現在, 国士舘大学理工学部人間情報学系教授。主著は『入門英文法問題精講 [4 訂版]』（旺文社）, 『快速英単語 入試対策編』（文英堂）など。
「日本語でも外国語でも, 自分がどんな言葉を使っているのかを意識する力を『メタ言語能力』と言います。言葉の学びでは, このメタ言語能力を高めていくことが重要であり, 文法学習もメタ言語能力の向上にとても役立ちます。そして, それがリーディングやリスニングのスキル上達につながっていきます。」

〔協力各氏・各社〕

装丁デザイン：ライトパブリシティ　　　　　　　編 集 担 当：上原 英
本文デザイン：イイタカデザイン
校　　　正：大河恭子, Jason A. Chau

本書の使いかた

STEP 1

まずは文法知識をおさらい

問題を解く前に，**ウォームアップ**として文法事項のおさらいをしておきましょう。それぞれ**文法項目の概念**と，**大学入試で狙われるポイント**がまず各章のはじめに述べられています。このページでは3つの例題で，端的にポイントを復習できるようになっています。ここでわからないことが出てきたら，手間を惜しまずに一度教科書や英文法の参考書に戻ってください。文法・語法情報が掲載されている英和辞典を引いてみることもおすすめします。このひと手間が知識を強固なものにします。

STEP 2

基礎問題 「押さえておきたい6題」で正答率100%を目指す！

各章に，四択空所補充形式に特化した「押さえておきたい6題」を設けました。この6題は，とりこぼしのないように**必ず押さえておきたい基本問題**ばかりを精選しました。間違えた箇所は必ず復習し，**100%の知識の定着**を心がけましょう。スピーディーに基本事項だけおさらいしたい人は，この各章の6題を1冊通しで解いてみるのもおすすめです。

STEP 3

応用問題 ライバルに差をつけろ！ 応用問題で練習を積もう！

やや難度を上げた応用問題「差がつく○題」では，**入試即応の実戦力**を養うため，整序問題や下線部正誤判定問題などのさまざまな問題形式でトレーニングができるように編集されています。ここには，その章の知識定着にふさわしい題数（10 ～ 15題）が収録されています。演習量をこなすことで文法知識は定着していくものです。さらに，基礎文法事項を使えるものにするためには，多くの例文に触れ，多くの用法に出会うことが必須です。ぜひ意欲的に取り組んでください。

STEP 4

「ランダム問題」で総仕上げ！

文法項目をシャッフルして30題の設問を掲載しています。1冊の学習内容がしっかり身についたかどうか，ここで確認してください。1問1分目安で，ぜひ制限時間を意識しながら解いてみてください。間違った問題は該当する章に戻ってしっかり復習をしましょう。

本書で使用している記号一覧

Vpp	動詞の過去分詞
/, [ ]	言い換え
( )	省略可
×	誤りを示す
自	自動詞
他	他動詞
名	名詞
形	形容詞
副	副詞
接	接続詞
前	前置詞
熟	熟語

S	主語
V	動詞
O, O₁, O₂	目的語
C	補語
S´, V´, O´, C´	節中などにおける文の要素
(V)	疑問文, 倒置における be 動詞および助動詞
☐	節を導く接続詞, 関係詞など

日本大学

適語句選択問題は基本的な知識が問われる

例年，空所補充形式の適語句選択問題が出題されますが，基本的な文法知識が問われる問題です。問題文は長くても15語程度で，難易度はそれほど高くありません。

読解文中での語句整序問題が出題

試験日程によっては語句整序問題が出題されることがありますが，日本文が示され，並べ替える語句数は7つ程度であり，問われる文法知識も基本的です。また，250〜300語程度の英文中で語句整序問題が出題されることもあり，並べ替え部分の前後の文脈を正確にとらえて，文法的に正しい文を構築する必要があります。

◈ 基本的な文法知識の欠落がないよう，幅広い問題演習で準備をしましょう。

東洋大学

適語句選択問題は基礎的な文法知識で対応可能

試験全体の中での文法問題の比重は大きくはありません。オーソドックスな空所補充形式での適語句選択問題が主体で，問われる内容は基本的な文法・語法知識であり，本書を利用しての演習で十分に対応可能です。

読解文中の空所補充では文脈に応じた対応が求められる

語句整序問題は例年出題され，並べ替える語句の数は6〜7語程度。日本文が英文と連立式で与えられており，活用すべき文法知識も基本的なため，難易度はそれほど高くありません。

一方，読解問題では，英文中の空所に適切な語句を入れる出題があり，文脈に応じて適切な前置詞や接続詞・接続副詞などを選ぶことが求められ，意味に応じた語句の使い分けに関する知識の拡充が必須です。

◈ 文法問題の演習が，長文読解にも役立つことを意識して学習に取り組みましょう。

🎓 駒澤大学

適語句選択問題は平易

　文法問題では純粋な文法知識を問うものと語法に関する知識を問うものの両方が出題されますが，いずれも基本的な問題であり，問題英文を構成する語彙のレベルも高くないので，本書を利用した問題演習が効果的です。また，前置詞を伴うイディオムにも注意しておくとよいでしょう。

語句整序問題は基本的知識で対応可能

　語句整序問題は日本語の意味が与えられ，英文中の4か所の空所に与えられた語を適切に補う形で出題されますが，求められる文法知識は基本的なものであり，文構造的にも複雑ではないので，本書を利用した問題演習が効果的です。

◉ 基本的な問題演習の反復により，文法に関する知識を確実にすることが重要です。

🎓 専修大学

複数個所の空所を補充する問題も出題

　適語句選択問題では，対話文の形式で文中の複数の空所に適切な語を挿入する問題が出題されることがあります。基本的な文法知識とともに語法や語の意味，さらには慣用句に関する知識なども問われますので，幅広い学習が必要です。

語句整序問題では基本的な文法知識が重要

　語句整序問題では，日本文が与えられ，文中の複数の箇所を完成させる問題が出題されますが，並べ替える語数は6語程度であり，基本的な文法知識を活用することで十分に対応できます。

◉ 徹底的な文法問題演習で，いつでも必要な文法・語法知識を引き出せるようにしましょう。

京都産業大学

適語句選択問題は2か所の空所を補充

　適語句選択問題では，1つの文中に2か所の空所が設けられています。空所のそれぞれに，文意に基づいて適語句を選択する必要があり，やや面倒で複雑な問題となっています。こういった設問では，文法知識だけではなく，語法や語義に関する知識も求められるのが大きな特徴です。

段落読解による空所補充問題でも文法知識が必要

　読解問題では，50〜80語程度の英文を読み，その内容に即して末尾の文の空所に適切な句を選択補充する出題があります。この形式の出題では，文脈を正確にとらえるとともに，文法知識を正確に活用して，与えられた選択肢の意味の違いを理解する必要があります。

　◎ 文法問題の演習に加え，語彙・語法の知識の拡充も意識的に行うと効果的です。

近畿大学

構文に関する知識が重要

　適語句選択問題は4肢選択型のオーソドックスな設問形式ですが，近畿大では応用力が問われるので要注意です。構文に関する知識が頻繁に問われるという傾向があります。語句整序問題では日本文が与えられ，並べ替える語句の数は6つ程度。いずれも基本的な知識で解くことができる問題となっています。

同意文選択問題の出題もある

　与えられた短文の同意文を選ぶ問題の出題があるのも，大きな特徴です。文法知識とイディオムに関する知識が同時に問われることがある点に注意が必要です。

　◎ 基本的な文法知識を活用して，文の書き換えまで意識した学習を進めましょう。

🎓 甲南大学

文法問題単独での出題はない

　基本的に文法問題が独立した形で出題されることはありません。長文読解問題や会話文空所補充問題の中で文法や語法の知識が問われます。特に会話文中の空所補充問題では，文脈に即して適切な前置詞を選ぶ問題なども出題されます。

英作文問題では文法・語法知識を正確に活用

　読解文中の下線部同義語選択問題では，語法に関する知識の活用が必要になることもあります。また，与えられた絵の内容を説明する英作文問題では，基本的な文法知識を正確に利用して誤りのない文を書くことが重要です。

◎ 単問型の文法問題の出題がないとはいえ，読解問題にも文法力が必須です。文法学習をひと通り終えて読解演習に移行しても，文法を意識して学習するのが鉄則です。

🎓 龍谷大学

読解文中での同義語句選択問題に注意

　文法問題が単独で出題されることはなく，読解問題の中で語法・文法知識の活用が求められることがあります。特に，英文中の句動詞やイディオムの同義語句選択問題が出題されることがあるので，知識を増やしておかなければなりません。

語句整序問題は構文知識を重視

　語句整序問題は例年，5問ほど出題されていますが，並べ替える語句は8つ程度で日本文が与えられています。問われる内容は基本的で，文法的に正しい英文構造を組み立てる知識が必須です。イディオムに関する知識が求められることもあるので，知識を拡充しておきましょう。

◎ 文法問題演習では，特に文構造を意識した学習が効果的です。

1 時制・態

　この章ではさまざまな時制表現と受動態に関する基本知識を完成させましょう。文を構成する中心となる動詞は，不定詞・動名詞・分詞の場合を除き，特定の時制を持ち，能動態・受動態のいずれかの態を示すことを再確認しましょう。

☑Check 1 時・条件の副詞節中での未来

次の文の空所に最も適切なものを選んで入れよ。
The disease will have spread throughout the country by the time the medical team ☐ there.
① arriving　② arrives　③ to arrive　④ will arrive　　　（東洋大）

正解 ②

解説 by the time ～ は「～までに」という期限を表す**群接続詞**で，時の副詞節中では，未来の意味でも現在時制を用いるので，② **arrives** が正解です。

和訳 医療チームがそこへ到着するまでにその病気は国中に広がってしまっているだろう。

■ 副詞節と名詞節の区別

副詞節：ₛShe ᵥwill tell ₒyou ₒthe truth ₘ***when*** *she comes back.* 〔when ＝接続詞〕
彼女が帰って来たら，本当のことを教えてくれるでしょう。

名詞節：ₛYou ᵥnever know ₒ***when*** *an accident will happen.* 〔when ＝疑問詞〕
事故がいつ起こるかはわかりません。

副詞節：ₛI ᵥwill play ₒtennis ₘ***if*** *it is fine tomorrow.* 　　　〔if ＝接続詞〕
明日天気がよければテニスをします。

名詞節：ₛI ᵥwonder ₒ***if*** *she will come to the party.* 　　〔if ＝接続詞〕
彼女はパーティーに来るのかな。

☑Check 2 状態動詞と進行形

次の文の空所に最も適切なものを選んで入れよ。
This box ☐ as many as 30 books.
① contains　② has been contained　③ is contained　④ is containing
（日本大）

正解 ①

解説 動詞 contain「～を含んでいる」は**状態を表す動詞**で，通常の意味では進行形になりません。また，ここでは空所のあとに目的語になる名詞句があるので，

受動態にはできず，正解は ① contains となります。

和訳 この箱には30冊もの本が入っている。

■ 状態動詞と進行形

状態を表す動詞は，ふつうは進行形になりません。

・彼はオーケストラに所属している。 〔belong ＝継続的状態〕

ˣ He is belonging to the orchestra. ⇒ ◦He belongs to the orchestra.

・この食べ物はいいにおいがする。 〔smell ＝（無意識の）知覚〕

ˣ This food is smelling good. ⇒ ◦This food smells good.

・私は彼女を知っている。 〔know ＝心理状態〕

ˣ I am knowing her. ⇒ ◦I know her.

☑ Check 3 前置詞の目的語が主語になる受動態

次の文の空所に最も適切なものを選んで入れよ。

If you make the same mistake, you will [　　　] everyone.

① be laughed by　② be laughing at　③ be laughed at by　④ laugh at

(九州国際大)

正解 ③

解説 動詞 laugh「笑う」は自動詞で，それ自体は目的語を持ちません。laugh at ～ で「～（のこと）を笑う」という意味で，受動態にすると，**at の目的語が主語の位置に移動し**，〈S＋be laughed at〉となり，そのあとに動作主を表す by ～ が続くので，③が正解となります。

和訳 同じ間違いをすると，皆に笑われますよ。

■ 前置詞の目的語が主語になる受動態

〈自動詞＋前置詞〉や2語以上で1つの動詞として機能する群動詞を受動態にすると，動詞句の末尾に前置詞が残ります。

能動態：ₛCathy ᵥspoke to ₒJohn.　　　　キャシーはジョンに話しかけた。

受動態：ₛJohn ᵥwas spoken *to* by Cathy.　ジョンはキャシーに話しかけられた。

能動態：ₛEveryone ᵥmade fun of ₒhim.　皆が彼をからかった。

受動態：ₛHe ᵥwas made fun *of* by everyone.　彼は皆にからかわれた。

13

押さえておきたい6題

空所に最も適切なものを選んで入れよ。

1 My niece ⬚ English since she was seven years old.

①　learns
②　learned
③　has been learning
④　will be learning

（駒澤大）

2 John has not ⬚ arrived at the station.

①　always
②　been
③　had
④　yet

（東北学院大）

3 I don't have any plans for this Sunday, but next Sunday ⬚ my aunt.

①　I visit
②　I am visiting
③　I was visiting
④　I'm going

（松山大）

4 As soon as the rain ⬚ , I'm going to walk downtown.

①　is stopping
②　stopped
③　stops
④　will stop

（日本大）

5 Even though he himself was happy with the team, he ⬚ it against his will.

①　was made leave
②　was made leaving
③　was made to leave
④　made to be left

（日本女子大）

6 It was my first time on an airplane. I was very nervous because I ⬚ before.

①　have already flown
②　never fly
③　did not fly
④　had not flown

（東海大）

1 ③

▶「彼女が7歳だったころから」という**過去のある時点から現在まで継続**する行為について述べているので，**現在完了進行形**の ③ has been learning が正解です。

[和訳] 私の姪は7歳のときから英語を学んでいます。

2 ④

▶ 空所直前の has not に惑わされ ② been で現在完了形を作ると考えてはいけません。空所後には**自動詞の** arrived があり，受動態にはできないので，②は不可能です。ここは **not yet** で「まだ〜ない」の意味を考え，④ yet を入れます。

[和訳] ジョンはまだ駅に着いていない。

3 ②

▶ 現在進行形は動作の進行を意味するだけではなく，**近い未来の確定的な予定**を表す意味もあります。よって，② I am visiting が正解です。

[和訳] 私は今週の日曜は何の予定もありませんが，次の日曜は，おばのところを訪ねるつもりです。

4 ③

▶ as soon as 〜 は「〜するとすぐに」という副詞節を導く接続詞として機能します。**時の副詞節中では，未来の意味でも現在形**なので，正解は ③ stops となります。

[和訳] 雨がやんだらすぐに，私は歩いて繁華街に行きます。

5 ③

▶ ⟨make＋O＋*do*⟩ で「O に *do* させる」という使役の意味を表しますが，それを受動態にする場合は，動詞の原形ではなく，to不定詞を用い，**be made to *do*** という形になります。よって，③ was made to leave が正解です。

[語句] against *one*'s will [熟]「意に反して，無理やり」

[和訳] 彼自身はチームに満足していたが，無理やりチームをやめさせられた。

6 ④

▶「初めて飛行機に乗った」という過去のある時点からさかのぼって，それ以前の経験について述べているので，**過去完了形**が適切です。よって，正解は ④ had not flown になります。

[和訳] 私は飛行機に乗るのはそのときが初めてでした。それ以前に飛行機に乗ったことがなかったので，とても緊張しました。

1〜10：空所に最も適切なものを選んで入れよ。

1 The food is so good in Thailand that I ☐ some weight by the time I leave here next week.

    ① am gained   ② had gained
    ③ will be gained   ④ will have gained

（武庫川女子大）

2 During the winter months in Yamanashi, people can often ☐ snowmen.

    ① be seen building   ② seen to build
    ③ to be seen to build   ④ seeing to be building

（山梨大）

3 The road construction ☐ to take more than three months.

    ① is expecting   ② expects
    ③ is expectation   ④ is expected

（専修大）

4 This factory ☐ the latest machinery in the world.

    ① equips with   ② equipped with
    ③ is equipped with   ④ has equipped with

（福岡大）

5 The police are looking for a missing girl. It ☐ that the girl is wearing a black coat and a red hat.

    ① is believed   ② will be believed
    ③ had been believed   ④ would have been believed

（東海大）

1　④

▶ 空所後に **by the time ～**「～のときまでに」で導かれる副詞節があり，意味的に**未来完了形**が適切なので，④ **will have gained** が正解となります。

和訳 タイの食事はとてもおいしいので，来週ここを離れるまでに私は体重が増えているだろう。

2　①

▶〈**see ＋ O ＋ _do_ing**〉で「**O が do しているのを見る**」ですが，ここでは see の目的語となる名詞が主語 people なので，**受動態**である ① **be seen building** が正解です。

和訳 山梨では冬の数か月間に，人々が雪だるまを作っているのがよく見られます。

3　④

▶〈**expect ＋ O ＋ to _do_**〉で「**O が do すると予想する**」という意味ですが，ここでは，expect の目的語がないので，**受動態**が適切で，④ **is expected** が正解になります。

和訳 道路工事は 3 か月以上かかると予想されている。

4　③

▶ 動詞 equip は〈**equip ＋ O ＋ with ～**〉「**O に～を装備する**」という意味で用いられます。この文では，O に相当する This factory が文の主語になっているので，受動態が求められ，③ **is equipped with** が正解となります。

和訳 この工場は世界でも最新の機械類が装備されている。

> ## 差がつくポイント　目的語が that 節の場合の受動態
>
> **5**　①
>
> ▶ **It is believed that ～** で「**～だと思われている**」ですが，ここでは「捜索が行われている」現時点での内容なので，**現在時制**の ① **is believed** が正解です。
>
> 和訳 警察は行方不明の少女を探している。その子は黒い上着と赤い帽子を身につけていると考えられる。
>
> ● **believe** や **say** など **that 節を目的語にとる動詞**は，以下のような書き換えが可能です。
>
> 彼女は黒い上着を着ていると考えられる。
>
> **They believe that she is wearing a black coat.**　〔能動態〕
>
> ≒ **It is believed that she is wearing a black coat.**〔形式主語＋受動態〕
>
> ≒ **She is believed to be wearing a black coat.**　〔受動態＋不定詞〕

6 I can't tell if it [   ] tomorrow.

① will rain ② rain ③ has rained ④ rained

（駒澤大）

7 We are trying very hard to make a good system. When we look back upon what [   ], it is clear that we have come a long way.

① to do ② we have been doing
③ should be done ④ is for us to do

（名古屋工業大）

8 The study of the new pill involved more than 3,100 people who [   ] either the drug or dummy pills.

① gave ② give ③ given ④ were given

（甲南大）

9 See to it that the elderly [   ] properly cared for.

① has ② have ③ are ④ is

（玉川大）

10 My parents have been together for a long time. At the beginning of next month, they [   ] for 30 years.

① have been married ② have married
③ will have been married ④ will married

（東京経済大）

6 ①

▶ この文中での動詞 **tell** は「〜がわかる，言い当てる」という意味の他動詞で目的語になる名詞を必要とし，if が導く節は**名詞節**になります。名詞節中では未来を表すには助動詞 will などを用いて表現するので，① **will rain** が正解です。

和訳 明日雨が降るかどうか，私にはわからない。

7 ②

▶ まず第 1 文で are trying という現在進行形が用いられている点に注目します。さらに第 2 文の **look back upon 〜**「〜を振り返る」から，「今までやってきたこと」という意味を考え，② **we have been doing** が正解と判断します。

語句 come a long way 熟「大いに発展する」

和訳 私たちはよいシステムを作ろうと一生懸命頑張っています。私たちがやってきたことを振り返ってみると，ずいぶんよくなったことが明らかです。

8 ④

▶ give は〈**give＋O₁＋O₂**〉の形で用いますが，ここでは関係代名詞 who の先行詞である more than 3,100 people が意味的に give の O₁ に相当するので，**受動態が必要**です。よって，正解は ④ **were given** となります。

語句 pill 名「錠剤」，dummy 形「にせの」

和訳 新しい薬の研究には 3,100 人以上の人々がかかわり，その人たちは薬か偽薬を与えられました。

9 ③

▶ **see (to it) that 〜** で「〜するように取り計らう，〜するよう気をつける」という意味の慣用表現です。文末の **cared for の目的語がない**ことから受動態が必要だと判断しますが，主語が the elderly「老人たち」で複数一致が適切なので，③ **are** が正解です。 語句 properly 副「適切に」，care for 〜 熟「〜の世話をする」

和訳 お年寄りがちゃんと世話をされるように取り計らってください。

10 ③

▶ next month という表現で未来の意味が示されているので，will を含む③か④ですが，**marry は他動詞**なので，「結婚している」という意味では be married という受動態の形になります。よって，正解は ③ **will have been married** となります。

和訳 私の両親は長い間一緒にいる。来月の初めで結婚して 30 年経つことになる。

11～13：与えられた語句を並べ替えて，文を完成させよ。

11 我々は警官がここに到着する1時間前にその男をつかまえていた。

We ⬚ ⬚ ⬚ ⬚ ⬚ ⬚ ⬚ here.

① got   ② had   ③ the man   ④ the police officer
⑤ before   ⑥ an hour   ⑦ caught

(日本大)

12 失敗の原因は決断力のなさであったことを彼は認めた。

He admitted that his ⬚ ⬚ ⬚ ⬚ ⬚
⬚ of determination.

① by   ② caused   ③ failure   ④ his   ⑤ lack   ⑥ was

(日本大)

13 昨日新しい洗濯機を設置してもらった。

⬚ ⬚ ⬚ ⬚ ⬚ ⬚ ⬚ ⬚ .

① had a   ② in   ③ machine   ④ new
⑤ put   ⑥ washing   ⑦ we   ⑧ Yesterday

(中部大)

14～15：下線部のうち，誤りを含むものを選べ。

14 I ①knew since childhood that trees help all ②of us lead ③healthier and more ④satisfying lives.

(日本大)

15 The big earthquake ①that ②hit the metropolitan area has ③been forced us ④to delay commuter trains ⑤in order to confirm that conditions are safe.

(日本大)

11 ②⑦③⑥⑤④① We had caught the man an hour before the police officer got here.
<u>S</u> <u>V</u> <u>O</u> <u>S'</u>
<u>V'</u>

▶「警官が到着した」と「その男をつかまえた」という 2 つの出来事の時間のずれから，**過去完了**を考えます。まず，had caught the man（②⑦③）のあとに an hour before（⑥⑤）で「〜の 1 時間前」を続け，最後に the police officer got（④①）をつなげて完成です。

12 ③⑥②①④⑤ He admitted that his failure was caused by his lack of
<u>S</u> <u>V</u> <u>S'</u> <u>V'</u>
determination.

▶ 日本語の「原因」から，was caused by 〜（⑥②①）で「〜によって引き起こされた」という受動態を考えます。主語には空所前の his に続けて，③ failure を置き，by 以下には his lack（④⑤）を配置し，of determination に続けます。
語句 determination 名「決断力」

13 ⑧⑦①④⑥③⑤② Yesterday we had a new washing machine put in.
<u>S</u> <u>V</u> <u>O</u> <u>C</u>

▶ まず，文頭に大文字で始まる ⑧ Yesterday を置き，そのあとに文の主語となる ⑦ we を続けます。〈have＋O＋done〉で「O を do してもらう」という使役の意味が表せるので，had a new washing machine（①④⑥③）の後ろに過去分詞の ⑤ put を続け，最後に ② in を配置します。
語句 put in 〜 熟「〜を設置する，〜を取り付ける」

14 ① knew → （正）have known

▶ since childhood「子供のころから」という表現があるので，過去時制ではなく，**現在完了**を用いるのが適切です。よって ① knew を have known にします。
和訳 私は子供のころから，木は私たち皆がより健康で満足できる暮らしを送るのに役立っていると知っています。

15 ③ been forced → （正）forced

▶ 〈force＋O＋to do〉で「O に do することを強制する」ですが，受動態は be forced to do になります。ここでは後ろに目的語の us があるので，受動態にすることはできません。よって ③ been forced を forced に変え，能動態にする必要があります。
語句 metropolitan 形「首都の」，commuter train 名「通勤列車」，
confirm 他「〜を確かめる」
和訳 首都圏を襲った大地震により，状況が安全であることを確認するために，我々は通勤列車を遅延せざるを得なかった。

　この章では，助動詞の用法および仮定法の基本的な知識を土台に，それぞれの応用問題に対処する力を養い，さらに幅広い慣用表現に関する知識を蓄えることが目標です。どのような問題でも文意を正確にとらえることが正解への第一歩です。

☑Check **1** 助動詞を用いた慣用表現

次の文の空所に最も適切なものを選んで入れよ。

Soccer ▢ be the world's most popular sport; however, baseball is more popular in the US.

① may well　　② should well　　③ can well　　④ must well　　(南山大)

正解 ①

解説 may well *do* で「do するのももっともだ」という慣用表現です。よって① may well が正解となります。

和訳 サッカーが世界で最も人気のあるスポーツであるのは当然だが，アメリカでは野球のほうがより人気がある。

■ 助動詞 may[might] を用いた慣用表現

　・**may[might] well ～**　「～するのももっともだ」
　　You may[might] well *be* angry.　あなたが怒るのももっともだ。
　・**may[might] as well ～**　「～してもよいだろう」
　　You may[might] as well *see* a doctor.　医者に診てもらったほうがよいだろう。
　・**may[might] as well ～ as ...**　「…するくらいなら～したほうがましだ」
　　I may[might] as well *die* as *marry* him.
　　彼と結婚するくらいなら死んだほうがましだ。

☑Check **2** were to を用いた仮定法

次の文の空所に最も適切なものを選んで入れよ。

If the sun ▢ go around the moon, Arthur wouldn't change his attitude.

① can　　② should not　　③ will　　④ were to　　(國學院大)

正解 ④

解説 〈if＋S＋were to *do* ～〉で「仮に～ならば」という条件を表します。この場合，帰結節では〈助動詞の過去形＋動詞の原形〉が用いられます。

和訳 太陽が月の周りを回ることがあっても，アーサーは決して態度を変えないだろう。

このレベルでは，助動詞や仮定法の慣用表現に関する知識（☑Check **1**，p.24 押さえておきたい 6 題：1・5 など参照）が問われます。また仮定法の条件節における if の省略による倒置（p.26 差がつく 15 題：4 参照）なども頻出です。

■ should と were to を用いた仮定法

should「万一～ならば」〔まずあり得ないと思っていることについて仮定〕

If he **should** come, *tell* him to call me. ◀-------

万一彼が来たら，私に電話してと伝えて。

> 帰結節は〈助動詞の現在形（または過去形）＋動詞の原形〉または命令文

were to「仮に～ならば」〔あり得ること・あり得ないことのどちらでも可能〕

If he **were to** fail, he *would try* again. ◀-------

仮に失敗しても，彼はもう一度やるだろう。

> 帰結節は〈助動詞の過去形＋動詞の原形〉

☑Check **3** as if＋S＋仮定法

次の文の空所に最も適切なものを選んで入れよ。

He shrugged, as [＿＿＿] he didn't know the answer.

① such   ② well   ③ while   ④ if   （駒澤大）

正解 ④

解説 〈as if＋S＋仮定法過去〉で「まるで～であるかのように」という意味が表されます。よって，④ **if** が正解です。

和訳 彼はまるでその答えを知らないかのように，肩をすくめた。

■ as if＋S＋仮定法

as if は as though でも書き換え可能です。

・She *behaves* **as if**[**though**] she *were* rich.

彼女は金持ちであるかのように振る舞う。

・She *behaved* **as if**[**though**] she *were* rich.

彼女は金持ちであるかのように振る舞った。

> 主節の動詞と「同じ時」の場合は，仮定法過去

・She *behaves* **as if**[**though**] she *had been* rich.

彼女は（以前）金持ちであったかのように振る舞う。

・She *behaved* **as if**[**though**] she *had been* rich.

彼女は（以前）金持ちであったかのように振る舞った。

> 主節の動詞より「以前の時」の場合は，仮定法過去完了

押さえておきたい6題

空所に最も適切なものを選んで入れよ。

1 His cousin could not help [   ] when she saw the funny movie.

① laughed   ② have laughed
③ was laughed   ④ laughing

（東海大）

2 If you [   ] in my place, what would you have done?

① are   ② will be   ③ have been   ④ had been

（駒澤大）

3 He is still sleeping. He [   ] have come back very late.

① mustn't   ② can   ③ must   ④ can't

（駒澤大）

4 I wish you [   ] me earlier. It's too late to do anything about it now.

① have told   ② can tell   ③ are telling   ④ had told

（亜細亜大）

5 It's about time we [   ] the party to a close.

① will bring   ② be brought
③ have brought   ④ brought

（東海大）

6 The missions of these different educational and training programs and how they relate to each other [   ] be made clear.

① is to   ② has to   ③ must   ④ should have

（日本大）

1 ④

▶ cannot help *doing* で「do せずにはいられない，どうしても do してしまう」という意味を表します。したがって，④ laughing が正解です。なお，**cannot help but *do*** でも同様の意味を表すことができます。

和訳 彼のいとこはその面白い映画を見て，どうしても笑わずにはいられなかった。

2 ④

▶ コンマの後ろは疑問文なので助動詞が主語の前に置かれていますが，〈would＋S＋have Vpp〉と**仮定法過去完了の帰結節**であることから，④ had been を入れます。

語句 be in *one*'s place 熟「～の立場にある」

和訳 あなたが私の立場だったならば，何をしていたでしょうか？

3 ③

▶「まだ寝ている」という文脈から判断して，「とても遅くに帰ったにちがいない」という過去の意味が適切なので，〈must＋have Vpp〉の ③ must が正解と判断します。

和訳 彼はまだ眠っている。ずいぶんと遅くに帰ってきたにちがいない。

4 ④

▶〈wish＋仮定法過去完了〉で，より以前の事柄について「～であったならよかったのに」という願望を表す表現になります。よって，正解は ④ had told となります。

和訳 君がもっと早くに私に伝えていてくれたらよかったのに。今となっては，それについて何をするにも遅すぎるよ。

5 ④

▶〈It's about time＋S＋仮定法過去〉で「そろそろ～してもよいころだ」という慣用表現です。よって，④ brought が正解になります。

語句 bring ～ to a close 熟「～を終わらせる」

和訳 そろそろパーティーを終わらせてもよいころだ。

6 ③

▶ この文の主語は The missions ... programs および how ... each other と複数なので，①と②は不適切です。さらに，空所後に動詞の原形の be があることから④では have be と動詞が連続してしまいます。したがって，③ must が正解です。

和訳 これらの異なる教育・訓練プログラムの役割と，それらが相互にどのように関係しているかが明白にされなければならない。

1～10：空所に最も適切なものを選んで入れよ。

1 I would rather ☐ through the park than go by car.

① to walk home   ② walked home
③ walking home   ④ walk home

（駒澤大）

2 I ran out of time before finishing the exam. We ☐.

① must have spent enough time
② need to spend enough time
③ should have been given more time
④ were allowed to give more time

（日本女子大）

3 She may already ☐ her birthday present when we were preparing a surprise party for her.

① have seen   ② saw   ③ had seen   ④ be seeing

（東海大）

4 ☐ it not been for the doctor's timely advice, I would still be suffering from my unhealthy diet.

① As   ② Had   ③ If   ④ Should   ⑤ Were

（北里大）

5 Our grandparents' generation ☐ never have imagined the convenience of the world we live in today.

① could   ② had   ③ will   ④ did

（亜細亜大）

1 ④

▶ would rather *A* than *B* で「(どちらかといえば) B するよりも A したい」という意味の慣用表現です。よって，④ walk home が正解になります。この表現では，than の後ろも動詞の原形であることに注意しましょう。

[和訳] 私は車で行くよりも歩いて公園を抜けて帰りたい。

2 ③

▶ 第 1 文で ran out of time「時間が足りなくなった」とあるので，「もっと時間があればよかった」という文脈を考え，③が正解と判断します。〈should + have Vpp〉で「〜すべきだった (のにしなかった)」という意味です。

[和訳] 私は試験を終える前に時間が足りなくなった。もっと時間が与えられるべきだった。

3 ①

▶ when 以下の節で過去進行形が用いられている点に着目します。過去のことに言及しているので，〈may + have Vpp〉の「〜したのかもしれない」が適切であり，① have seen が正解になります。

[和訳] 私たちが彼女のためにサプライズパーティーを準備しているときに，彼女はもう誕生日プレゼントを見てしまっていたのかもしれない。

4 ②

▶ 空所直後が it not been for になっているので，if を省略した倒置の条件表現である，Had it not been for 〜「〜がなかったならば」が適切であり，② Had が正解です。ここでは過去の条件を設定した上で，現在の事実に反する仮定をしているので，帰結節は〈would + 動詞の原形〉の形になっていることに注意します。

[和訳] 医師のタイミングのよいアドバイスがなかったら，私はまだ不健康なダイエットに苦しんでいるだろう。

5 ①

▶ 空所後で副詞 never のあとに have imagined とある点に着目し，① could を入れ，**仮定法過去完了の帰結節**を作ります。ここでは，条件節はありませんが，主語の Our grandparents' generation に「祖父母の世代だったならば」という条件の意味が含まれています。 [語句] convenience [名]「便利さ」

[和訳] 私たちの祖父母の世代は，私たちが今日暮らしている世界の便利さを決して想像できなかっただろう。

6 [ ] you have any questions or comments, please call our office.

① As if ② Otherwise ③ Should ④ Without

（清泉女子大）

7 You [ ] throw away your money as spend it on gambling.

① might be well ② might as well
③ might well ④ might well as

（成蹊大）

8 Tracy [ ] here by now. I am afraid she has lost her way.

① must have arrived ② can have arrived
③ may have arrived ④ should have arrived

（高知大）

9 I would much rather you [ ] play the piano in this room.

① might not ② cannot ③ didn't ④ wouldn't

（亜細亜大）

10 My son Ken's homeroom teacher requested that he [ ] his candy with everyone.

① shares ② share ③ will share ④ has shared

（東海大）

6 ③

▶「万一〜ならば」という可能性の低いことに関する仮定を示すには，**助動詞 should を用いた仮定法**が用いられますが，助動詞 should を文頭に置くことで if を省略することができます。よって ③ **Should** が正解です。

[和訳] もし万一質問やコメントがあったら，事務所に電話してください。

7 ②

▶ **may[might] as well 〜 as ...** で「…するくらいなら〜したほうがましだ，…するのは〜するようなものだ」という慣用表現です。よって，正解は②となります。

[和訳] ギャンブルにお金を使うのはお金を捨ててしまうようなものだ。

8 ④

▶〈**should + have Vpp**〉で「〜するはずだった，〜すべきだった(のにしなかった)」という意味を表します。第2文から「彼女がまだ到着していない」ということが推測できるので，④ **should have arrived** が正解です。

[和訳] トレーシーは今もうここに着いているはずなのに。道に迷ってしまったのではないだろうか。

9 ③

▶〈**would rather + S + 仮定法過去**〉で「(どちらかというと)S には〜してもらいたい」という意味です。ここでは助動詞を含む意味的な理由がないので，③ **didn't** が正解です。

[和訳] この部屋ではあなたにピアノを弾いてもらいたくないのです。

差がつくポイント　仮定法現在

10 ②

▶「〜を要求する」という意味の動詞 **request** の目的語となる that 節中では，**動詞は原形**が用いられます。このような**要求・提案・命令・義務**などの内容を表す that 節中での原形の使用を**仮定法現在**と呼びます。

[和訳] 私の息子のケンの担任の先生は彼にキャンディーを皆と分けるように求めた。

●仮定法現在：要求・提案・命令・義務などの that 節中

・She **suggested** that we *be* there at 7 o'clock. ◀---- 原形の be が用いられる。
　彼女は我々は7時にそこにいようと提案した。

・Bob **insisted** that she *attend* the meeting. ◀---- 現在形ではないので，3人称単数現在の -s がつかない。
　ボブは彼女が会議に出るよう要求した。

11~12：与えられた語句を並べ替えて，文を完成させよ。

11 ひどい集中豪雨がなかったら，あちこちで川の土手が決壊することはなかったはずだ。

The banks of the river would not have broken ☐ ☐ ☐ ☐ ☐ ☐ a heavy localized rainfall.

① for　② had　③ not　④ it　⑤ such　⑥ been

（関東学院大）

12 そのことについてあなたのお姉さんに尋ねるべきだった。

I ☐ ☐ ☐ ☐ ☐ ☐ something about that.

① asked　② have　③ ought　④ sister　⑤ to　⑥ your

（日本大）

13~15：下線部のうち，誤りを含むものを選べ。

13 I wish I ①have time to talk, but I'm afraid I'm ②too busy today. ③Would you mind ④coming back tomorrow?

（南山大）

14 ①The professor ②who is my ③academic advisor used to ④working at the Ministry of Finance before ⑤teaching economics at this university.

（日本大）

15 A: I've been ①calling you all day. Why ②didn't you answer?
B: I'm so sorry. I ③left my phone here, at home. I ④should put it in my bag this morning!

（南山大）

30

11 ②④③⑥①⑤　The banks of the river would not have broken had it not
been for such a heavy localized rainfall.

▶「〜がなかったら」という意味から，**仮定法過去完了の条件節**を作ります。ここで
は if が選択肢に含まれていないので，if の省略による**倒置**と考え，had it not been
for（②④③⑥①）を並べ，そのあとに〈such a ＋形容詞＋名詞〉となるように ⑤ such
を置いて完成です。

語句 bank 名「土手」，localized 形「局地的な」，rainfall 名「降雨」

12 ③⑤②①⑥④　I ought to have asked your sister something about that.

▶〈ought to ＋ have Vpp〉で「〜すべきだった（のにしなかった）」という意味に
なるので，まず ought to have asked（③⑤②①）を並べ，そのあとに目的語の your
sister（⑥④）を続ければ完成です。

13　①　**have →（正）had**

▶〈wish ＋ S ＋仮定法〉で「S が〜するとよいのに，S が〜したらよかったのに」と
いう**願望の表現**になります。ここでは today から今のことについて述べているとわ
かるので，**仮定法過去**で ① have を **had** にします。

和訳 お話しする時間があるとよいのですが，残念ながら，今日は忙しすぎるのです。明日ま
た来てもらえますでしょうか。

14　④　**working →（正）work**

▶ used to *do* で「昔は〜した」という意味なので，④動名詞 working ではなく，原形
work にします。

語句 academic 形「学問の」，the Ministry of Finance 名「財務省」

和訳 私のアカデミック・アドバイザーの教授は，この大学で経済学を教える前は財務省で働
いていた。

15　④　**should →（正）should have**

▶ should だけでは「〜すべきだ」という意味にしかならないので，〈should ＋ have
Vpp〉で「〜すべきだった（のにしなかった）」に変えれば文意が成立します。

和訳 A：一日中電話をかけていたんですよ。どうして出てくれなかったの？

　　　B：本当にごめんなさい。電話をここ，家に置いていってしまって。今朝かばんに入れるべ
きだったのに。

3 不定詞・動名詞

　この章では，動詞でありながらそれ自身では時制を持たない準動詞のうち，不定詞と動名詞の用法について基本知識を完成させましょう。また，不定詞や動名詞を用いた慣用表現に関する知識も確実に定着させましょう。

☑Check 1 疑問詞＋不定詞

> 次の文の空所に最も適切なものを選んで入れよ。
> The most urgent question in the election is which candidate ☐ on.
> ① decided ② deciding ③ of deciding ④ to decide （近畿大）

正解 ④

解説 〈疑問形容詞 which＋名詞＋to *do*〉で「どの～を do するべきか」という意味が表現されます。よって，④ **to decide** が正解です。ここでは which candidate が decide on ～「～に決める」の on の目的語の役割を兼ねている点に注意しましょう。

和訳 選挙で最も緊急の問題はどの候補に決めるかだ。

■ 疑問詞＋不定詞

- **how** to *do*　　　　　「どのように do するべきか，do の仕方」
- **what** to *do*　　　　「何を do するべきか」
- **who**［**whom**］to *do*　「だれを・だれに do するべきか」
- **which**（名詞）to *do*　「どの～（名詞）を do するべきか」
- **where** to *do*　　　　「どこに do するべきか」
- **when** to *do*　　　　「いつ do するべきか」

☑Check 2 need *doing*「do される必要がある」

> 次の文の空所に最も適切なものを選んで入れよ。
> This room really ☐ cleaning.
> ① is needed ② to be need ③ needs ④ needed to （山梨大）

正解 ③

解説 〈S＋need＋*doing*〉で「S は do される必要がある」という意味が表現できます。よって，③ **needs** が正解です。④ needed to であれば，need のあとが受動態の不定詞 **to be cleaned** とならなければいけません。

和訳 この部屋は本当に掃除の必要がある。

受動態の不定詞 (p.34 押さえておきたい6題：1・5 参照)，同様に
受動態の動名詞 (p.34 押さえておきたい6題：3 参照) などに加え，
不定詞や動名詞を含むさまざまな慣用表現が頻繁に出題されます。

■ need *do*ing

「この部屋は掃除の必要がある」は次のような表現が可能です。

This room **needs** *cleaning*.　　　　　　　　〔need *do*ing〕

≒ This room **needs** *to be cleaned*.　　　　　〔need to be *done*〕

≒ We **need** *to clean* this room.　　　　　　〔need to *do*〕

≒ It is **necessary** (for us) *to clean* this room. 〔it is necessary (for + 人) to *do*〕

※第1〜2文は clean の目的語が文の主語。

☑Check 3 結果の不定詞（副詞用法）

> 次の文の空所に最も適切なものを選んで入れよ。
>
> She drove to the station, [　　　] to find that her train was cancelled.
>
> ① only　　② in order　　③ so　　④ as　　　　　　　　（駒澤大）

正解 ①

解説 不定詞の副詞用法には「…が，結局〜する」という**結果**の意味を表す用法があ
ります。ここでは ① only を入れ，**only to find** で「結局〜とわかった」とい
う意味が適切です。

和訳 彼女は駅まで車を運転して行ったが，結局，彼女が乗る列車は運休だとわかった。

■ 結果の不定詞

・She **woke up to find** herself alone.　　　　〔目覚めて〜だと知る〕
　彼女は目が覚めると，ひとりぼっちだった。

・The girl **grew up to be** a beautiful lady.　　〔成長して〜になる〕
　少女は成長して美しい女性になった。

・My grandmother **lived to be** 97 years old.　〔〜になるまで生きる〕
　私の祖母は97歳になるまで生きた。

・I went to his house, **only to find** him absent.　〔…が，結局〜する〕
　私は彼の家に行ったが，結局彼は不在だった。

・He went to London, **never to return** home.　〔…して，二度と〜しない〕
　彼はロンドンに行き，二度と故郷に戻ることはなかった。

押さえておきたい6題

空所に最も適切なものを選んで入れよ。

1 My grandfather was carried into the hospital to _____ for high blood pressure.

    ① be treated   ② be trusted   ③ treat   ④ trust

(関西学院大)

2 It _____ without saying that anyone riding a motorcycle should wear a helmet.

    ① calls   ② goes   ③ takes   ④ moves

(獨協大)

3 I always get a terrible feeling of _____ in a small space when in an elevator.

    ① being trapped   ② trapping
    ③ to trap   ④ trapped

(亜細亜大)

4 Do you _____ like having a cup of tea?

    ① get   ② take   ③ go   ④ keep   ⑤ feel

(日本大)

5 The book is said _____ in the eighteenth century.

    ① to publish   ② to have published
    ③ to be published   ④ to have been published

(玉川大)

6 Jim got up early _____ to be in time for his flight.

    ① because   ② so as   ③ since   ④ on condition

(南山大)

1 ①
▶ この文では不定詞の意味上の主語が特に示されておらず，文の主語 My grandfather が不定詞の主語となります。意味的に「治療される」が適切なので，**受動態の不定詞**となる ① **be treated** が正解です。　語句 blood pressure 名「血圧」
和訳 私の祖父は高血圧の治療を受けるために病院に運ばれた。

2 ②
▶ 空所後が〈前置詞＋動名詞〉の without saying であることから，**it goes without saying that ～**「～は言うまでもない」の慣用表現で，② **goes** が正解。不定詞の慣用表現を用いて，**Needless to say**, anyone riding ... と書き換え可能です。
和訳 オートバイに乗る人はだれでもヘルメットを着用すべきなのは言うまでもない。

3 ①
▶ 前置詞 of に後続する箇所なので**動名詞**が必要ですが，他動詞 trap の目的語がなく，意味的に受け身が適切なので，**受動態の動名詞**である ① **being trapped** が正解です。　語句 terrible 形「とても不快な」，trap 他「～を閉じ込める」
和訳 エレベーターの中にいるといつも，狭い空間に閉じ込められたようなひどい気分になる。

4 ⑤
▶ **feel like** *do*ing で「do したい気がする」という慣用表現があります。よって，正解は ⑤ **feel** になります。なお，〈feel like ＋名詞〉で「～を飲みたい［食べたい］気がする」の用法もあり，この文は，Do you feel like a cup of tea? でも表現可能です。
和訳 お茶を 1 杯飲みたいですか？

5 ④
▶ 選択肢に含まれるのは他動詞 publish ですが，空所後に目的語となる名詞がないので，**受動態の不定詞**が適切です。さらに，「出版された」という過去の意味が適切なので，**完了形の不定詞**が必要であり，④ **to have been published** が正解です。
和訳 その本は 18 世紀に出版されたと言われている。

6 ②
▶ **so as to** *do* で「do するように，do するために」という目的の意味を表す慣用表現があり，② **so as** が正解です。　語句 be in time for ～ 熟「～に間に合って」
和訳 ジムは飛行機の便に間に合うように早起きした。

差がつく **15** 題

1〜5：空所に最も適切なものを選んで入れよ。

1 You seem to be having a good time, but the best part [   ] come.

    ① has ever   ② has never   ③ is not to   ④ is yet to

（武蔵大）

2 Believe me, this movie is absolutely worth [   ].

    ① for seeing   ② to   ③ seeing   ④ to be seen

（専修大）

3 The memo says that they [   ] meet their aunt at the airport tomorrow.

    ① are to   ② are going   ③ are being   ④ will be

（東京経済大）

4 The girl was so kind [   ] me to the station.

    ① as to take   ② for taking
    ③ in order to take   ④ that it takes

（日本女子大）

5 This city is easy [   ] by public transport.

    ① for reaching   ② to be reaching
    ③ to have been reached   ④ to reach

（立命館大）

1 ④

▶ be having a good time ですでに「楽しい時間を過ごしている」ので，さらにもっとよい「最高の時間がこれから来る」という文意にするのが適切です。**be yet to** *do* で「まだ **do** していない，これから **do** することになっている」という意味になるので，④ **is yet to** が正解です。

[和訳] あなたは楽しい時間を過ごしているようですが，最高のところはこれからです。

2 ③

▶〈S＋be worth *doing*〉で「S は do する価値がある」という意味になります。よって，③ seeing が正解です。この文は **it is** absolutely **worth** *seeing* this movie と形式主語 it を用いても表現できます。 [語句] believe me 熟「本当ですよ」

[和訳] 本当だよ，この映画は絶対見る価値があるって。

3 ①

▶ **be to** *do* で「do することになっている」という**すでに決まっている予定**を表します。よって，① **are to** が適切です。なお，be to *do* には，「**do すべき**」（義務），「**do できる**」（可能）に加え，「**do する運命である**」や条件節で「**do したいなら**」（意図）という用法もあります。

[和訳] メモには，彼らが明日空港でおばに会うと書いてある。

4 ①

▶〈so＋形容詞＋as to *do*〉で「do するほど～である」という意味になります。よって，① **as to take** が正解です。この文は **enough to** *do* を用いて，The girl was *kind* **enough to** *take* me to the station. に書き換えることができます。

[和訳] その少女はとても親切で私を駅まで連れて行ってくれた。

差がつくポイント | 難易を表す形容詞＋不定詞

5 ④

▶〈S＋be easy to *do*〉で「S は do するのが簡単だ」という意味になるので，④ **to reach** が正解です。他動詞 reach の目的語が文の主語である点に注意します。

[和訳] この市は公共交通機関で行くのが簡単です。

● easy，difficult[hard，tough]，impossible など難易を表す形容詞は不定詞の目的語を主語にすることが可能です。

This question is **difficult** to answer.　この質問は答えるのが難しい。

= *It is* **difficult** to answer this question.

6～10：与えられた語句を並べ替えて，文を完成させよ。

6 カウンセラーができることはせいぜい複数の選択肢を示すことぐらいだというのが私の結論です。

I've come to the conclusion that ☐ ☐ ☐ ☐ is ☐ ☐ ☐ .

① a counselor　② all　③ can　④ choices
⑤ do　⑥ offer　⑦ to　　　　　　　　　（専修大）

7 驚いたことに，だれも彼らが優勝するとは思わなかった。

Surprisingly, ☐ ☐ ☐ ☐ ☐ ☐ ☐ .

① anticipated　② first　③ no one　④ prize
⑤ the　⑥ their　⑦ winning　　　　　　（立命館大）

8 私たちはいかにお客さまを満足させるかをいつも優先的に考えてきた。

☐ ☐ ☐ ☐ ☐ ☐ our first priority.

① been　② considered　③ customers
④ has always　⑤ how　⑥ to satisfy　　（近畿大）

9 この問題は複雑で，私はどこから手をつけたらよいかわからない。

This problem ☐ ☐ ☐ ☐ ☐ ☐ know where to start.

① complex　② for　③ is　④ me　⑤ to　⑥ too
　　　　　　　　　　　　　　　　　　（日本大）

10 その会社は，新しい車をテストするために何千時間も費やすだろう。

The company ☐ ☐ ☐ ☐ ☐ ☐ new car.

① hours　② of　③ spend　④ testing
⑤ the　⑥ thousands　⑦ will　　　　　（立命館大）

6 ②①③⑤，⑦⑥④ I've come to the conclusion that all a counselor can do is to offer choices.

▶ 〈all＋S＋can *do* is（to）〜〉で「Sができることは〜だけだ」という意味が表現されます。よって，all a counselor can do（②①③⑤）で that 節中の主語を作り，is のあとは補語となる to offer choices（⑦⑥④）という名詞用法の不定詞を続けます。

語句 conclusion 图「結論」

7 ③①⑥⑦⑤②④ Surprisingly, no one anticipated their winning the first prize.

▶ まず〈主語＋動詞〉で no one anticipated（③①）を作り，anticipated の目的語に動名詞を続けますが，その**意味上の主語**を前に置き，their winning（⑥⑦）とします。最後に winning の目的語 the first prize（⑤②④）を配置して完成です。

語句 surprisingly 副「驚いたことに」，anticipate 他「〜を予期する」

8 ⑤⑥③④①② How to satisfy customers has always been considered our first priority.

▶ **how to *do*** 「どのように do するか」を主語と考え，まず how to satisfy（⑤⑥）のあとに satisfy の目的語の ③ customers を置きます。続いて述部を現在完了の受動態と判断し，has always been considered（④①②）を続けて完成です。

語句 satisfy 他「〜を満足させる」，customer 图「顧客」

9 ③⑥①②④⑤ This problem is too complex for me to know where to start.

▶ **too 〜 to *do*** で「〜すぎて do できない」という基本表現を利用し，is too complex to（know）（③⑥①⑤）を考えますが，ここでは不定詞の意味上の主語となる for me（②④）を不定詞の前に置きます。

10 ⑦③⑥②①④⑤ The company will spend thousands of hours testing the new car.

▶ 主語に続く〈助動詞＋動詞〉で will spend（⑦③）とし，〈spend＋O＋（in）*doing*〉「do するのに（時間）を費やす」を続けますが，目的語には「何千もの」を表す thousands of（⑥②）で修飾された ① hours を置き，そのあとに ④ testing をつなげます。最後に new car を限定する冠詞の ⑤ the を入れて完成です。

11~15：下線部のうち，誤りを含むものを選べ。

11 ①<u>There</u> was no point ②<u>at my staying</u> here ③<u>any</u> ④<u>longer</u>.

（立命館大）

12 They accepted ①<u>that</u> ②<u>changing</u> the rules ③<u>were</u> ④<u>absolutely</u> wrong.

（専修大）

13 There are ①<u>certainly</u> ②<u>many</u> reasons ③<u>for</u> his ④<u>been</u> accepted by the members.

（専修大）

14 The good news is ①<u>that</u> the medicine we have ②<u>applied</u> ③<u>does</u> seem ④<u>be working</u>.

（専修大）

15 ① Jane refuses <u>to get</u> married before she is 25.
② She urged her children to practice <u>to play</u> the piano every day.
③ We managed <u>to solve</u> the problem without your help.
④ We will attempt <u>to do</u> it better next time.

（日本大）

11 ② at my staying → （正）my staying

▶ there is no point（in）*doing* で「do しても無駄である」という意味の慣用表現になるので，② の前置詞 at は不要です。なお，この表現は there is no use［good］（in）*doing* で表すこともできます。

和訳 もうそれ以上，私がここにいても無駄でした。

12 ③ were → （正）was

▶ that 節中の主語が changing という**動名詞**なので，**動詞は単数一致**になります。よって，③ were を was に直します。　語句 absolutely 副「絶対に」

和訳 彼らはその規則を変えることが全くの誤りだと認めた。

13 ④ been → （正）being［having been］

▶ **前置詞 for の目的語**として ④ been は不適切で，**動名詞**の being とするか，または過去であることを明らかに示すために having been とする必要があります。his は動名詞の意味上の主語で his being［having been］accepted で「彼が受け入れられたこと」という意味になります。

和訳 彼がメンバーによって受け入れられたのには確かに多くの理由がある。

14 ④ be working → （正）to be working

▶ **seem の直後に動詞の原形は置けない**ので，④ be working を to be working と，to不定詞にする必要があります。① that は補語の名詞節を導く接続詞。② applied の目的語は関係代名詞で medicine のあとにきますが，ここでは省略されています。③ does は seem を強調するための助動詞です。

語句 apply 他「〜を使う」

和訳 よい知らせは，私たちが使った薬が効いているように本当に思えることだ。

15 ② to play → （正）playing

▶ ② practice は不定詞を目的語にはできないので，practice playing とします。① refuse to *do*「do することを拒む」，③ manage to *do*「なんとか do する」，④ attempt to *do*「do しようと試みる」はすべて正しい表現です。

語句 urge 他「〜を促す」

和訳 ①ジェーンは 25 歳前に結婚するのを拒んでいる。②彼女は子供たちに毎日ピアノの練習をするよう促した。③私たちはあなたの助けなしに何とか問題を解決した。④私たちは，次回はそれをもっと上手にやってみるつもりだ。

4 分詞

この章では不定詞・動名詞に続き，動詞の機能を持ちながら形容詞として用いられる分詞について，その用法に関する基本知識を完成させましょう。併せて，副詞句を作る分詞構文の作り方についても理解を深めましょう。

☑Check 1 独立分詞構文

> 次の文の空所に最も適切なものを選んで入れよ。
>
> ☐ stormy, all the flights to Hokkaido were canceled.
> ① Being ② It being ③ Be ④ It was （神奈川大）

正解 ②

解説 分詞構文では，分詞の主語が文の主語と異なる場合には，分詞の主語が明示されることになります。ここでは，Because it was stormy「嵐だったので」の意味で主語の it が文の主語 all the flights とは異なるので，it を**分詞の前に残す**必要があります。よって，正解は ② **It being** となります。

和訳 暴風雨のため，北海道への飛行機は全便運休となった。

■ 独立分詞構文：分詞の主語が明示されている分詞構文

・バスの便がなかったので，私たちはタクシーに乗らなければならなかった。
  Because **there** *was* no bus service, we had to take a taxi.
  ⇒ **There** *being* no bus service, we had to take a taxi.　〔主語 there が残る〕
・これが終わると，彼女は自分の部屋の掃除を始めた。
  When **this** *was done*, she started to clean her room.
  ⇒ **This** *done*, she started to clean her room.
  　〔主語 this が残る。was → being となり，being は省略されることが多い〕

☑Check 2 分詞構文の慣用表現

> 次の文の空所に最も適切なものを選んで入れよ。
>
> Strictly ☐ , tomatoes and potatoes are members of the same family. The family also includes sweet and hot peppers, eggplants, and ground cherries.
> ① to speak ② speaking ③ spoken ④ speech （秋田県立大）

正解 ②

解説 **Strictly speaking** で「厳密に言うと」という慣用的な分詞構文があります。よって，正解は ② **speaking** となります。

和訳 厳密に言うと, トマトとジャガイモは同じ科の仲間です。この科にはアマトウガラシ, トウガラシ, ナスとホオズキも含まれます。

■ 慣用的な分詞構文

- **Generally speaking**, women live longer than men.
  一般的に言うと, 女性は男性より長生きだ。
- **Judging from** the look of the sky, it will rain tomorrow.
  空模様から判断すると, 明日は雨になるだろう。

> ・frankly speaking「率直に言うと」　　・strictly speaking「厳密に言うと」
> ・roughly speaking「大ざっぱに言うと」・talking of 〜「〜と言えば」

☑Check 3 付帯状況を表す分詞構文

次の文の空所に最も適切なものを選んで入れよ。
With summer ⬚, medical experts have listed recommendations to prevent sunburn.

① approaches　　　② approaching

③ has approached　　④ is approaching　　　　　　　　　（立命館大）

正解 ②

解説 〈with + O + C〉「O が C の状態で」で**付帯状況**が表されます。この形式では**意味的に O が C の主語**という関係になり, ここでは, C の働きをする現在分詞の ② **approaching** が正解です。ほかは時制をもった述語動詞なので不適です。

和訳 夏が近づいているので, 医療の専門家は日焼けを防ぐための推奨事項をリストアップした。

■ 付帯状況で用いられる分詞の形：O が C の意味的な主語になる

- 彼は公園をジョギングし, 犬が彼のあとをついて行った。
  He jogged in the park, with ₒhis dog ᴄfollowing him.
  〔his dog was following him〕
- 彼女は足を組んでソファーに座っていた。
  She was sitting on the sofa with ₒher legs ᴄcrossed.
  〔her legs were crossed〕

押さえておきたい6題

空所に最も適切なものを選んで入れよ。

1 It is ⬚ that no one has objected to the plan.

① surprisedly　② surprisingly　③ surprised　④ surprising

（山梨大）

2 It is necessary to make the plan for the new factory ⬚ to all the employees.

① to know　② knowing　③ know　④ known

（摂南大）

3 I used to cry, ⬚ anyone or anything, missing my home.

① didn't know　② knew not
③ not knowing　④ to not know

（日本大）

4 In the United Kingdom, there are particular regions which reveal a high level of consumption of exotic goods ⬚ from abroad.

① import　② imports　③ importing　④ imported

（日本大）

5 The symptoms of flu may last several days, ⬚ with a high temperature and often with a headache.

① start usually　② to start usually
③ usually starting　④ usually start

（日本大）

6 Jerry has been standing for an hour with his arms ⬚.

① are folding　② folded　③ folding　④ to be folded

（近畿大）

44

1　④
▶ 文頭の It は**形式主語**で that 節の内容を指しています。その that 節の内容が「人を驚かせるような」という**能動**の意味になるので，現在分詞の ④ surprising が正解になります。　語句 object to ～　熟「～に反対する」
和訳 だれもその計画に反対しなかったというのは驚きだ。

2　④
▶ 〈make + O + C〉で「O を C にする」ですが，この表現の目的語と補語は**意味的に主語と述語の関係**になります。ここでは「計画が知られた状態にする」という**受動**の意味が必要なので，過去分詞の ④ known が正解です。
和訳 新工場の計画を従業員全員に知らせる必要がある。

3　③
▶ 空所前に接続詞がないので，分詞構文が必要となります。よって**否定の分詞構文**となる ③ not knowing が正解です。
和訳 私は昔，だれも知らず，何もわからず，故郷を懐かしんで泣いたものだ。

4　④
▶ 空所以下は exotic goods を修飾しており「商品が**輸入される**」という**受動**の関係なので，過去分詞の ④ imported が正解です。　語句 region 名「地域」，reveal 他「～を明らかにする」，consumption 名「消費」，exotic 形「珍しい，異国の」
和訳 イギリスには，海外から輸入された珍しい商品の消費が高いレベルを示す特定の地域があります。

5　③
▶ 接続詞がないので①，④の動詞の現在形(原形)は不可です。②は不定詞の副詞用法として文法的には可能ですが意味的に不適切です。よって分詞構文となる ③ usually starting が正解になります。
和訳 インフルエンザの症状は，たいてい高熱としばしば頭痛から始まり，数日続くことがあります。

6　②
▶ 〈with + O + C〉で「O が C の状態で」という**付帯状況**を表します。ここでは his arms が「組まれた状態で」という受動の関係なので，過去分詞の ② folded が正解です。
和訳 ジェリーは腕を組んで 1 時間立ったままでいる。

差がつく 15 題

1〜10：空所に最も適切なものを選んで入れよ。

1 ⬚ with his father, he is not as conservative.

　　① Comparing　② To compare　③ Compared　④ Compare

（東海大）

2 While ⬚ that he was wrong, he made no apologies for offending us.

　　① admit　　② admitting　　③ admitted　　④ admission

（東北福祉大）

3 Earth is the only planet ⬚ to have a single moon.

　　① believe　　② believed　　③ believing　　④ to believe

（近畿大）

4 ⬚ among the participants of the conference, the total cost for getting a chartered bus was not so high.

　　① Having shared　　② Shared
　　③ Sharing　　④ To share

（近畿大）

5 All things ⬚, we did our best during the emergency.

　　① considering　　② considered
　　③ are considered　　④ to consider

（名城大）

1 ③

▶ compare は **compare** *A* **with**［**to**］*B*「A を B と比べる」という形で用いられる他動詞ですが，ここでは目的語がなく，意味的にも文の主語 he が「父親と比べられる」という受動の関係なので，過去分詞の ③ **Compared** が正解です。なお，日本語では能動的に訳されることに注意しましょう。 語句 conservative 形「保守的な」
和訳 父親と比べると，彼はそれほど保守的ではない。

2 ②

▶ 分詞構文では，意味関係を明示するために接続詞が残される場合があります。ここでは文頭の While によって，対比関係がはっきりと示されています。文の主語である he が that 節の内容を「認めた」という**能動関係**なので，現在分詞の ② **admitting** が正解です。 語句 apology 名「謝罪」，offend 他「〜の感情を害する」
和訳 自分が間違っていたことを認めながらも，彼は私たちの気分を害したことについて謝罪をしなかった。

3 ②

▶ 〈**believe** + **O** + **to** *do*〉で「O が do すると考える」という意味ですが，ここでは空所のあとに目的語 O が不足しています。よって，受け身の意味が必要で，② **believed** が正解になります。the only planet (which is) believed to have a single moon と考えれば，過去分詞で正しいことが確認できます。 語句 moon 名「(惑星の)衛星」
和訳 地球は衛星を 1 つだけ持つと考えられる唯一の惑星です。

4 ②

▶ 他動詞 share「〜を分担する」が用いられるにもかかわらず，**空所後に目的語がない**ことから，受け身の意味を考え，過去分詞の ② **Shared** が正解だと判断します。
語句 participant 名「参加者」，conference 名「会議」
和訳 会議参加者の間で分担したので，バスのチャーターの総費用はそれほど高くなかった。

5 ②

▶ 空所前の主語 All things から**独立分詞構文**を考えますが，「すべてのことが考慮される」という受け身の意味で being considered となり，そこから分詞の being が省略され，過去分詞の ② **considered** が正解です。**taking all things**［**everything**］**into consideration** という形でも同様の意味が表現できます。
語句 do *one*'s best 熟「最善を尽くす」，emergency 名「非常事態」
和訳 すべてのことを考慮すると，非常事態のなかで私たちは最善を尽くした。

6 [____] to find a place to stay, they had to sleep in their car last night.

    ① Not only   ② Decide   ③ Avoid not   ④ Unable

（亜細亜大）

7 Weather [____], we are going boating on Lake Biwa this weekend.

    ① being permitted   ② on permitting
    ③ permitting   ④ to permit

（立命館大）

8 We are consuming natural resources, never [____] they will run out some day.

    ① suspect   ② suspected   ③ suspecting   ④ to suspect

（近畿大）

9 The market situation last month remained largely [____] from the previous month.

    ① unchanging   ② is unchanging
    ③ unchange   ④ unchanged

（関西学院大）

10 I will go to the ceremony, [____] you come with me.

    ① even   ② nevertheless   ③ otherwise   ④ provided

（近畿大）

6 ④

▶ As they were unable to find の接続詞 As と主語 they を削除し，さらに were が being になって削除された**分詞構文**を考えます。よって，正解は ④ **Unable** です。②と③は文頭に動詞がある命令文になり，意味的に不適切です。

和訳 泊る場所を見つけられなかったので，昨夜彼らは車で寝なければならなかった。

7 ③

▶ weather permitting「天候が許せば，天気がよければ」という意味になる慣用的な独立分詞構文を作ります。〈接続詞＋節〉で表現すれば，**if** the weather *permits* ということで，if it is fine を含意します。

和訳 天気がよければ，私たちは今週末，琵琶湖にボートに乗りに行く。

8 ③

▶ suspect（that）〜 で「〜であると疑う」で，空所後に O に該当する節が続くので能動の関係が必要であり，現在分詞の ③ suspecting が正解になります。

語句 consume 他「〜を消費する」，natural resources 名「天然資源」，run out 熟「尽きる」

和訳 私たちは，いつかなくなると疑いもせずに，天然資源を消費し続けている。

9 ④

▶〈S＋remain＋C〉で「S は C のままでいる」で，ここでは，S が「変えられていない」という意味となる ④ unchanged が正解になります。なお，unchange という動詞はないことにも注意しましょう。 語句 previous 形「前の，以前の」

和訳 先月の市場の状況は，前月から大部分は変わりがありませんでした。

差がつくポイント ┃ 接続詞として機能する分詞

10 ④

▶ 動詞 provide の過去分詞形 ④ provided は接続詞として機能する。provided［providing］（that）〜 で「〜という条件で，もし〜ならば」の意味。

和訳 あなたが一緒に来てくれるのならば，私は式典に行きます。

● 接続詞として機能する分詞の代表例

・**Supposing**（that）he doesn't come, what shall we do?
彼が来なかったら，どうしましょう？ 〔**supposing**：仮に〜だとすると〕

・**What** can we do given（that）we have no money?
お金がないと仮定すると，何ができるだろう？ 〔**given**：〜と仮定すると〕

11 途中で交通渋滞にまきこまれたため，時間通りに到着できなかった。

Having ☐ ☐ ☐ ☐ ☐ ☐ ☐ my way, I could not arrive on time.

① on   ② a   ③ traffic   ④ caught
⑤ jam   ⑥ been   ⑦ in

（日本大）

12 フランスを旅行しているときに，フランス語を使ってみたが，全く通じなかった。

When I traveled around France, I tried to ☐ ☐ ☐ ☐ French, but my efforts were in vain.

① understood   ② in   ③ myself   ④ make

（駒澤大）

13 Halley's comet, ①viewing ②through a telescope, was ③quite ④impressive.

（立教大）

14 The ①unknown pianist won the ②first prize at a famous competition ③hold in New York last summer, because his ④playing style was ⑤unique.

（日本大）

15 The Spanish language, ①with an ②estimated 300 million native speakers worldwide, ③is heard ④speaking all over the United States.

（日本大）

11　⑥④⑦②③⑤① <u>Having <u>been caught</u> in a traffic jam on my way, I</u>
<u>could not arrive</u> on time.

▶ 文頭に Having があるので**分詞構文**を想定し，受動態の been caught（⑥④）を Having に続けます。**be caught in 〜** で「〜につかまる」から in a traffic jam（⑦②③⑤）とし，最後に ① on を置いて on *one's* way「途中で」を表します。

12　④③①② When I traveled around France, I tried to make myself understood in French, but my efforts were in vain.

▶〈make ＋ O ＋ C〉「O を C にする」から make myself understood（④③①）とします。「自分自身が理解された状況を作る」という文字通りの意味から「考え[言葉]を人にわからせる」を表します。最後に ② in を配置して完成です。

13　①　viewing → （正）viewed

▶ 文の主語 Halley's comet と was 以下の述部の間に分詞句が挿入されていますが，分詞 ① viewing の意味上の主語は Halley's comet なので，「ハレー彗星が見る」ことになり，意味的に不整合です。また，他動詞 view の目的語も不足しているため，「見られる」という受動の関係が必要であり，① viewing を過去分詞の **viewed** にしなければいけません。

和訳 ハレー彗星は，望遠鏡を通して見るととても印象的だった。

14　③　hold → （正）held

▶ 文中に過去時制の動詞 won があるので，現在形の ③ hold では文が成立しません。ここでは **held** に変え held in New York で「ニューヨークで開かれた」とし，前の a famous competition を後ろから修飾させる必要があります。

和訳 昨夏にニューヨークで開かれた有名なコンクールで，無名のピアニストが 1 等を取ったが，それは彼の演奏スタイルが独特だったからだ。

15　④　speaking → （正）spoken

▶ この文が〈hear ＋ O ＋ *doing*〉の受動態だとすると，O つまりこの文の主語が The Spanish language であるため，「スペイン語が話す」ことになってしまい，意味が成立しません。〈hear ＋ O ＋ *done*〉で「O が do されるのを聞く」という受け身の意味にする必要があります。

和訳 スペイン語は母語として話す人が世界に 3 億人いると概算され，アメリカ中で話されるのが聞こえてきます。

5 比較

この章では比較表現に関する基本知識に基づいて，比較で用いられるさまざまな慣用表現について確認しましょう。非常に似通った表現がたくさんあるので，表現形式と意味を正確に結びつけましょう。

☑Check 1 最上級の意味を表す比較表現

> 次の文の空所に最も適切なものを選んで入れよ。
> Using a cellphone is ☐ of communication.
> ① fastest of any other methods　② the faster than any other methods
> ③ the fastest to any methods　④ faster than any other method
>
> （玉川大）

正解 ④

解説 〈比較級 + than any other + 名詞の単数形〉で「ほかのどの…よりも～」という意味が表現できます。よって，④ **faster than any other method** が正解です。

和訳 携帯電話を使うのがほかのどのコミュニケーション方法よりも速い。

■ 最上級の意味を表す比較表現

トムはクラスで一番背が高い少年だ。

Tom is **the tallest** boy in his class.　〔最上級〕

= Tom is **taller than any other** *boy* in his class.　〔比較級〕

= **No other** *boy* in his class is **taller than** Tom.　〔比較級〕

= **No other** *boy* in his class is **as〔so〕tall as** Tom.　〔原級〕

☑Check 2 the＋比較級，the＋比較級

> 次の文の空所に最も適切なものを選んで入れよ。
> The sooner you start studying for your exam, the ☐ .
> ① good　② better　③ well　④ best　（南山大）

正解 ②

解説 〈the + 比較級, the + 比較級〉で「～すればするほど…」という表現があります。ここでは ② **better** を入れ，**The sooner ～, the better.** で「早ければ早いほどよりよい」という意味になります。

和訳 試験勉強は，始めるのが早ければ早いほどよい。

最上級の意味を表す比較表現（✓Check 1 参照）やさまざまな慣用表現は常に頻出です。また，比較級の強調（p.54 押さえておきたい 6題：6 参照）も頻出項目の 1 つです。さらに整序問題では，倍数表現（p.60 差がつく 15 題：11 参照）もよく出題されます。

■ the＋比較級，the＋比較級

- **The higher** you climb, **the colder** it becomes.

  高く登れば登るほど寒くなる。

- **The more** one knows, **the less** one believes.

  知れば知るほど信じられなくなる。

  ※ the less なので，「～すればするほど…なくなる」という意味になります。

- **The more** *money* you try to earn, **the less** *leisure time* you will have.

  お金をたくさん稼ごうとすればするだけ，余暇は少なくなる。

  ※ earn の目的語 money と have の目的語 leisure time がそれぞれ the more, the less と一緒に節の冒頭に置かれている点に注意しましょう。

✓Check 3 　no more / less than ～ と not more / less than ～

次の文の空所に最も適切なものを選んで入れよ。

There was an audience of ☐ five hundred at the theater last night.

① quite a few 　② still more 　③ any less than 　④ no less than

（同志社女子大）

正解 ④

解説 no less than ～ で「～もの」（= as many as）の意味となります。よって，④が正解です。なお，① quite a few は「非常に多くの」という数表現なので，通例後ろには people, things, days のような名詞を伴います。five hundred などのような数詞の前に出現することはありません。

和訳 昨夜，劇場には 500 人もの観客がいた。

■ 数量に関する比較級表現

- **no more than** \$100 　　「100 ドルしかない」（= **as little as** / **only**）
- **no less than** \$100 　　「100 ドルもある」（= **as much as**）
- **not more than** \$100 　　「せいぜい 100 ドルしかない」（= **at most**）
- **not less than** \$100 　　「少なくとも 100 ドルある」（= **at least**）

空所に最も適切なものを選んで入れよ。

1 Tom is taller than me [＿＿＿] a head.

    ① by   ② on   ③ in   ④ above

（日本大）

2 This watch is the [＿＿＿] expensive of all.

    ① best   ② highest   ③ last   ④ least

（日本大）

3 You should not do such a thing. You [＿＿＿] to do such a thing.

    ① should know better than
    ② should not be so foolish than
    ③ ought not to be wise enough
    ④ have the sense

（亜細亜大）

4 Mark is expected to take over his father's business as he is [＿＿＿] boy of the two sons in his family.

    ① older   ② oldest   ③ the older   ④ elder

（近畿大）

5 You can use my car [＿＿＿] you drive carefully.

    ① as good as   ② as long as
    ③ as much as   ④ as well as

（武庫川女子大）

6 The costs were [＿＿＿] greater than had been anticipated.

    ① far   ② more   ③ quite   ④ very

（立命館大）

1 ①
▶ **差の度合い**を示すには前置詞 **by** が用いられます。**by a head** で「頭1つ分だけ」という差が示されます。*cf.* He is older than John **by** three years.（= He is **three years** older than John.）「彼はジョンより3歳年上だ」
和訳 トムは私より頭1つ分背が高い。

2 ④
▶ 文末の **of all**「**すべてのうちで**」から**最上級**が適切ですが，空所後の形容詞 expensive を続けるには，①best や ②highest は不可。「最も高価な」は普通，the most expensive と言います。ここでは，**副詞 little の最上級**で「最も〜ではない」を表す ④least が正解。 語句 expensive 形「（値段が）高い」
和訳 これはすべてのうちで最も値段が安い時計です。

3 ①
▶ **know better than to** *do* で「*do* しないだけの分別がある」という意味の慣用表現です。よって①が正解となります。④ have the sense to *do* では，「*do* するだけの良識がある」という意味になり，ここでは文脈に合致しません。
和訳 君はそんなことをするべきではない。そんなことをしないだけの分別を持つべきだ。

4 ③
▶ 空所後に of the two sons「2人の息子のうちで」とある点に注目します。**2者間での比較**では，比較級に the をつけて表現するので，③ **the older** が正解です。
和訳 マークは家族の2人の息子のうちで年上の子なので，父の仕事を引き継ぐものと考えられている。

5 ②
▶ **as long as** 〜 で「〜である限り」という**条件**を表す接続詞です。よって，②が正解です。なお，as far as も同様に「〜の限り」ですが，こちらは**範囲**を表します。*cf.* **As far as** *I know*, he is honest.「私の知る限り，彼は正直だ」
和訳 慎重に運転する限り，私の車を使ってもよい。

6 ①
▶ 直後に比較級 greater があることから，**比較級の強調**と判断します。比較級の強調では much や far を前に置くので，① **far** が正解です。
和訳 費用は予想されていたよりもはるかに高かった。

差がつく 15 題

1~10：空所に最も適切なものを選んで入れよ。

1 I will help Tom all [   ] for his hard work.

    ① more   ② less   ③ the more   ④ the most

（関西学院大）

2 We have attached a catalog of our products [   ] a price list.

    ① furthermore   ② in addition   ③ along by   ④ as well as

（学習院女子大）

3 She gets paid more than [   ].

    ① I am   ② I do   ③ mine   ④ myself

（宮崎大）

4 John's job at the post office turned out to be far better than [   ].

    ① could never imagine
    ② he could ever have imagined
    ③ he ever imagines
    ④ never being able to imagine
    ⑤ to have ever imagined

（明治学院大）

5 Some people prefer to rent an apartment [   ] own a house because they find it more flexible.

    ① rather   ② rather to   ③ rather than to
    ④ too much   ⑤ would rather

（北里大）

1 ③

▶〈all the＋比較級＋for 〜〉で「〜なのでいっそう…」という慣用表現があります。よって，正解は ③ **the more** となります。for の代わりに **because** を用いると，I will help Tom all the more **because** *he works hard.* に書き換えられます。

和訳 私はトムが一生懸命働くので，それだけいっそう彼を手伝うでしょう。

2 ④

▶ *A* **as well as** *B* で「B だけでなく A も」で，**not only** *B* **but also** *A* と同様の意味を表します。① furthermore は副詞で「さらに，その上」です。② in addition は副詞「加えて」で，前置詞としては in addition to 〜 となります。③は along with 〜 であれば「〜と一緒に」という意味になります。

語句 catalog《米》名「カタログ」（＝ catalogue）

和訳 価格表だけでなく，製品カタログも添付しておきました。

3 ②

▶ 意味的には more than I get paid「私が支払ってもらうよりも多く」が適切ですが，get paid はすでに前で示されているので，その代わりとなる**代動詞**の do を用いて，② **I do** とするのが正解です。

和訳 彼女は私がもらうよりも多く給料をもらっている。

4 ②

▶ 主節が turned out と過去時制になっているので，② **he could ever have imagined**「彼がそれまでに想像できたであろう」が正解になります。①では than 以下に never が含まれ，さらに節の主語や動詞 imagine の目的語もないので不適切です。

和訳 ジョンの郵便局での仕事は，彼が想像していたよりもはるかによいものであることがわかった。

5 ③

▶ 動詞 prefer は **prefer** *A* **to** *B* で「B より A を好む」であり，**than を用いません**が，目的語が不定詞の場合は，to *B* の to の代わりに rather than を用い，prefer to *do* **rather than** (to) *do* となります。よって，③ **rather than to** が正解です。

和訳 家を持つよりアパートを借りるほうを好む人もいますが，それはそのほうがより融通がきくと考えるからです。

6 How [   ] is that bridge than this one?

① long   ② far longer   ③ longer   ④ much longer

（関西学院大）

7 Her lazy husband does not so [   ] as wash his own dishes.

① even   ② much   ③ many   ④ far   ⑤ little

（九州産業大）

8 The war is as [   ] as over.

① bad   ② early   ③ good   ④ late   ⑤ well

（武蔵大）

9 There were [   ] two dogs in each cage.

① any more than   ② the less than
③ no more than   ④ less not than

（獨協大）

10 The book is [   ] a guide to Africa as a story set in the area.

① no less than   ② none the better for
③ not so much   ④ not the same

（日本女子大）

6 ④

▶ 比較級表現の疑問文で「どの程度」と尋ねる場合には、〈how much ＋ 比較級〉となります。よって、正解は ④ much longer になります。

和訳 あの橋はこの橋よりどのくらい長いですか？

7 ②

▶ 空所後の as のあとが動詞の原形 wash である点に着目します。not so much as *do* で「do さえしない」という意味が表されるので、② much が正解になります。① even は Her lazy husband does not even wash his own dishes. ならば適切です。

和訳 彼女の怠惰な夫は自分の使った皿さえ洗わない。

8 ③

▶ as good as ～ で「(ほとんど) ～も同様[同然]」の意味です。よって ③ good が正解です。この文は The war is almost[all but] over. に書き換え可能です。

和訳 戦争は終わったも同然だ。

9 ③

▶ no more than ～ で「～しかない」(＝ only) という意味になります。この文は There were as few as two dogs in each cage. に書き換え可能です。

和訳 それぞれのおりには 2 匹の犬しかいなかった。

差がつくポイント   not so much *A* as *B*：A というよりはむしろ B

10 ③

▶ not so much *A* as *B* で「A というよりはむしろ B である」という意味の慣用表現です。よって、③ not so much が正解です。

和訳 この本はアフリカのガイドというより、その地域に場面設定された物語だ。

● not so much *A* as *B*：A というよりむしろ B

　※文字通りの「B であるほどには A ではない」から「A というより B」の意。

　　彼女は女優というよりは歌手だ。

　　She is **not so much** an actress **as** a singer.

　　＝ She is a singer **rather than** an actress.

　　＝ She is **more** a singer **than** an actress.

　　＝ She is **less** an actress **than** a singer.

11~12：与えられた語句を並べ替えて，文を完成させよ。

11 あのレスラーの体重は私の3倍くらいありそうだ。

That wrestler looks about ☐ ☐ ☐ ☐ ☐ .

① as heavy　　② three　　③ me　　④ as　　⑤ times

（佛教大）

12 それは見かけほど難しい問題だとは思いません。

I don't think it is ☐ ☐ a ☐ ☐ ☐ ☐ .

① as　　　　② it　　　　③ question
④ seems　　⑤ serious　　⑥ so

（専修大）

13~15：下線部のうち，誤りを含むものを選べ。

13 The ①violent typhoon last week caused serious ②damage to the area, destroying ③much more houses than the previous one ④did.

（明治学院大）

14 ①Rapid growth during 2009-10 made China the world's ②second larger economy, ③ranking behind the United States but ④ahead of Japan.

（学習院大）

15 Nowadays, it is ①cheapest to ②make a hotel reservation online ③than it is ④by phone.

（立命館大）

11 ②⑤①④③　That wrestler looks about three times as heavy as me.
　　　　　　　　　　S　　　　　V　　　　　　　　　　C
▶「体重が私の3倍くらいある」から「3倍くらい重い」と考え，〈数詞＋times as
〜 as ...〉の**倍数表現**を利用します。ここでは three times as heavy（②⑤①）をまず
置き，そのあとに as me（④③）で比較対象を示します。

12 ⑥⑤，③①②④　I don't think it is so serious a question　as　it seems.
　　　　　　　　　　　S　　　V　　S′ V′　　　　　　　C′　　　　　　　S″　V″
▶ not so 〜 as ... の**原級比較の否定**のパターンですが，副詞 so により修飾される
形容詞は冠詞の前に置かれ，〈so ＋形容詞＋a ＋名詞〉の語順になるので，so serious
（⑥⑤）がまず入り，冠詞 a のあとに名詞の ③ question を続けます。そして，as it
seems（①②④）で比較の対象を配置して完成です。

13 ③　**much more houses** → （正）**many more houses**
▶〈more ＋名詞〉「より多くの〜」で差を強調し「はるかに多くの〜」とする場合は，
名詞が**可算名詞であれば many** を，**不可算名詞であれば much** を用います。ここで
は houses という可算名詞が修飾されるので **many** にする必要があります。
語句 violent 形「激しい」，typhoon 名「台風」，previous 形「前の」
和訳 先週の猛烈な台風はその地域に深刻な被害を与え，その前の台風よりもはるかに多くの
　　　家を破壊した。

14 ②　**second larger** → （正）**second largest**
▶「〜番目に…」は〈序数詞＋最上級〉で表現します。よって，② second larger の
比較級 larger を最上級の **largest** に直す必要があります。
和訳 2009 年から 2010 年の間の急速な成長により，中国はアメリカ合衆国に次ぎ，日本を
　　　超える世界第2の経済大国になった。

15 ①　**cheapest** → （正）**cheaper**
▶ ③に than があることから，比較級が適切だと判断し，① cheapest を **cheaper** に
直します。なお，than it is のあとでは，反復を避けるため to make a hotel reservation
が省略されていると考えられます。
語句 reservation 名「予約」，online 副「オンラインで」，by phone 熟「電話で」
和訳 今日（こんにち）では，ホテルの予約は電話よりもオンラインでしたほうが安い。

6 関係詞

この章では関係詞に関する基本知識を完成させ，さらに関係形容詞や複合関係代名詞・複合関係副詞の用法についても確認しましょう。また what などの関係詞を含んだ慣用表現に関する知識も拡充しましょう。

☑Check 1 前置詞＋関係代名詞

次の文の空所に最も適切なものを選んで入れよ。

Jim's mother had six children, ⬚ Jim was the oldest.

① for whom　② in whom　③ by whom　④ of whom　　　（日本大）

正解 ④

解説 Jim was the oldest of them（＝ the six children）「ジムが彼ら（6人の子供）のうちで最も年上だった」という意味が想定できるので，of them の them が関係代名詞になったと考え，④ **of whom** が正解と判断します。

和訳 ジムの母には子供が6人いて，そのうちでジムが最年長だった。

■ 前置詞＋関係代名詞

関係代名詞が前置詞の目的語になる場合，前置詞は関係代名詞の前，あるいは関係代名詞が導く節の終わりに置かれます。前置詞が後置される場合は，関係代名詞は省略されるのがふつうです。

・ベンが話をしていた女性は彼のガールフレンドだった。

The woman to whom Ben was talking was his girlfriend.

= The woman (who/that) Ben was talking **to** was his girlfriend.

・昨夜私が寝たベッドはとても快適だった。

The bed in which I slept last night was very comfortable.

= The bed (which/that) I slept **in** last night was very comfortable.

☑Check 2 関係代名詞 what を用いた慣用表現

次の文の空所に最も適切なものを選んで入れよ。

Mary came late, and what is ⬚, she forgot to bring the document.

① least　② less　③ more　④ most　　　（中央大）

正解 ③

解説 what is more で「さらに」という意味の慣用表現です。**副詞**として機能して

基本となるのは格（主格・所有格・目的格）の選択と関係代名詞と関係副詞の区別（p.64 押さえておきたい6題：4, p.66 差がつく15題：1・2 など参照）です。〈前置詞＋関係代名詞〉（✓Check 1 など参照）や継続用法の関係詞に関する問題もよく出題されます。

いるので，ここでは前に接続詞の and があることに注意しましょう。

和訳 メアリは遅れてきて，さらには書類を持って来るのを忘れた。

■ what を用いた慣用表現

・この靴は値段が高い，おまけに小さすぎる。

These shoes are expensive, and **what is more**, they are too small.

※ **in addition** で書き換え可能。

・彼は疲れていて，さらに悪いことに，雪が降り出した。

He was tired, and **what was worse**, it began to snow.

※ **to make matters[things] worse** で書き換え可能。

・彼はいわゆる常識人だ。

He is **what is called** a man of common sense.

※ **what you[we, they] call** で書き換え可能。

✓Check 3 複合関係代名詞

次の文の空所に最も適切なものを選んで入れよ。

Will you give this pamphlet to _____ wants it?

① those who　　② whoever　　③ whichever　　④ anyone　　　（神戸学院大）

正解 ②

解説 空所前に前置詞 to があり，空所後に動詞 wants があることから，空所以下全体が**前置詞の目的語**になると同時に空所が**動詞の主語**になる**複合関係代名詞**のうち，文意が成立する ② whoever が正解です。

和訳 欲しいという人にはだれにでもこのパンフレットをあげてくれますか。

■ 複合関係代名詞 whoever

・その映画を見たい人にはだれにでもそのチケットをあげてよいです。

You can give the ticket to 名S: **whoever** V: wants to see the movie.　　〔名詞節〕

※関係詞節全体が前置詞 to の目的語。whoever そのものは関係詞節中の動詞 wants の主語。

・だれがそう言おうとも，やはり私には信じられない。

副S: **Whoever** V: may say so, S: I still V: can't believe O: it.　　〔譲歩の副詞節〕

= 副: **No matter** S: who V: may say so, I still can't believe it.

※譲歩の副詞節なので，後続する節は〈S＋V＋O〉で文が完成しています。

空所に最も適切なものを選んで入れよ。

1 Nancy returned home safely, ☐ pleased her parents.

    ① what   ② because   ③ if   ④ which

(専修大)

2 You can make ☐ you like for dinner.

    ① however   ② whatever   ③ whenever   ④ wherever

(摂南大)

3 I'll give you ☐ toy you like.

    ① where   ② whom   ③ whomever   ④ whichever

(駒澤大)

4 That part of Tokyo is a place ☐ attracts young people with its shops and restaurants.

    ① which   ② where   ③ when   ④ what

(法政大)

5 Taylor lied to me about the money he owes me. ☐ I'm not talking to him.

    ① That's who   ② That's when
    ③ That's what   ④ That's why

(清泉女子大)

6 As ☐ with young students, he tends to spend all the money he has.

    ① is usual   ② unlikely   ③ much as   ④ far

(東洋大)

1 ④

▶ 空所後が動詞 **pleased** で，その**主語が不足**しているので，関係代名詞の ④ **which** が正解です。**先行詞は空所に先行する節全体**の「ナンシーが無事に帰宅した」ことです。① what は先行詞を含んだ関係代名詞なので，what pleased her parents だと「彼女の両親を喜ばせたこと」という名詞になってしまい，空所前と結びつかなくなります。② because と ③ if は接続詞なので，主語の不足を補えません。

[和訳] ナンシーは無事に帰宅したが，それが彼女の両親を喜ばせた。

2 ②

▶ 空所後で他動詞 like の目的語がなく，空所前は動詞 make となっていて先行詞となる名詞句がないので，**複合関係代名詞**の ② **whatever** が正解です。

[和訳] 夕食には，何でも好きなものを作っていいよ。

3 ④

▶ 空所後に toy という名詞があり，**動詞 like の目的語が不足**しているので，toy を修飾して名詞節を作る**複合関係形容詞**の ④ **whichever** が正解になります。

[和訳] どちらのおもちゃでも好きなほうを君にあげるよ。

4 ①

▶ 空所後に**動詞 attracts の主語がない**ので，**関係代名詞**の ① **which** が正解になります。先行詞 a place から関係副詞の ② where を選ばないように注意しましょう。

[和訳] 東京のその地域は店やレストランで若者を引きつける場所だ。

5 ④

▶ **関係副詞**の why には先行詞を含み，「～である理由[わけ]」（＝ **the reason why** ～）という用法があり，**that is why** で「そういうわけで～だ」という意味になります。よって，④が正解です。　[語句] owe A B [熟]「A に B の借りがある」

[和訳] テイラーは私に借りているお金のことで私にうそをついた。そういうわけで，私は彼と口をきいていない。

6 ①

▶ **疑似関係代名詞** as を含む **as is usual with** ～ で「～にはいつものことだが」という意味の慣用表現です。よって，① **is usual** が正解です。

[語句] tend to *do* [熟]「do する傾向がある」

[和訳] 若い学生は決まってそうだが，彼は手持ちの金をすべて使ってしまいがちだ。

1〜9：空所に最も適切なものを選んで入れよ。

1 There is now increased competition among Internet providers
   ⬜ has resulted in better service and lower charges.

   ① that   ② those   ③ what   ④ where

   （東京理科大）

2 The reason ⬜ he gave for not submitting the report was not
   acceptable.

   ① what   ② which   ③ whose   ④ why

   （近畿大）

3 I gave the poor woman ⬜ little money I had.

   ① how   ② that   ③ what   ④ whose

   （近畿大）

4 By counting the white blood cells, we can estimate the degree
   ⬜ the body can resist disease.

   ① so that   ② to which   ③ what   ④ whose

   （日本女子大）

5 The final stop on our trip is Kyoto, ⬜ many of Japan's
   renowned temples and shrines are located.

   ① where   ② which   ③ that   ④ there

   （南山大）

1 ①
▶ 空所後に動詞 has があり**主格の関係代名詞**が必要なので ① that が正解になります。なお，この関係詞の先行詞は空所後が has で単数一致しているので，直前の Internet providers ではなく，competition であることに注意が必要です。

[和訳] 今はインターネットプロバイダー間で競争が増加しており，それが結果として，よりよいサービスと低価格をもたらしている。

2 ②
▶ 空所前に The reason があるからと言って，④ why にしてはいけません。空所後を見ると動詞 gave の目的語が不足しているので，関係副詞ではなく，**目的格の関係代名詞**が必要です。よって，② which が正解になります。

[語句] submit 他「〜を提出する」，acceptable 形「容認できる」

[和訳] 彼が報告書を提出しないことに対してつけた理由は認められるものではなかった。

3 ③
▶ ③ what には**関係形容詞**としての用法もあり，「…であるすべての〜」（= all the 〜 that ...）という意味を表します。what little money I had で「私が持っていたわずかばかりのお金すべて」という意味になります。

[和訳] 私はその貧しい女性になけなしの金をすべてあげた。

4 ②
▶ the degree［extent］to which 〜 で「〜の程度，度合い」という意味が表されます。よって，② to which が正解です。**to a［some, a certain］degree「ある程度まで」**という慣用句が関係詞節と結びついたと理解するとよいでしょう。

[語句] white blood cell 名「白血球」，estimate 他「〜を見積もる，評価する」

[和訳] 白血球の数を数えることで，身体が疾病に対してどの程度の抵抗力を持っているかを評価できる。

5 ①
▶ 空所後で〈S + be located〉「（建物などが）位置している」があり，節が完成しているので，**関係副詞**の ① where が正解です。ここではコンマのあとに続く継続（非制限）用法の関係副詞なので，「そしてそこには」と解釈します。

[和訳] 私たちの旅の最後の立ち寄り先は京都で，そこには日本の有名な寺社が多くあります。

6 He mentioned a book, ☐ I can't remember.

① which title   ② with title of which
③ the title of which   ④ in which the title

（福岡大）

7 The teachers are really concerned about ☐ have been doing poorly in chemistry class.

① whom   ② whomever   ③ those who
④ anyone   ⑤ what

（金沢医科大）

8 There were few or no cases ☐ successful adaptations and advances in agricultural technology had occurred.

① what   ② where   ③ which   ④ whom

（日本大）

9 I am looking for a spoon ☐ eat this fruit pudding.

① by that I can   ② which I can
③ which is able to   ④ with which to

（立命館大）

10〜12：与えられた語句を並べ替えて，文を完成させよ。

10 He seemed to be ☐ ☐ ☐ ☐ ☐ ☐ which I couldn't imagine.

① the   ② with   ③ of
④ anxieties   ⑤ cause   ⑥ filled

（西南学院大）

6 ③
▶ I can't remember **the title of it** という意味を考え，代名詞 it を関係代名詞に置き替えると the title of which になるので，③が正解です。コンマ以下は whose を用いて，whose title I can't remember とすることもできます。
和訳 彼はある本について言及したが，そのタイトルを私は思い出せない。

7 ③
▶ 空所前に前置詞 about があり，空所後に have been doing という動詞句が続いているので，about の目的語になると同時に主語の役割も果たせる表現が必要です。よって，「～な人々」という意味になる ③ those who が正解です。
和訳 教師たちは化学の授業で悪い成績が続いている者たちについて本当に心配している。

8 ②
▶ cases「事例」を先行詞とする関係詞を考えますが，空所後の動詞は自動詞の occurred で，目的語の不足はないため，**関係副詞**の ② where が正解になります。
和訳 農業技術の改良や進歩がうまく起こった例は，ほとんどないか，全くなかった。

9 ④
▶ 空所前後の a spoon と eat this fruit pudding は，eat this fruit pudding with a spoon「スプーンを使ってフルーツプリンを食べる」という関係です。with a spoon の a spoon が関係代名詞 which に代わり，with とともに先行詞 a spoon のあとに置かれたと考えると，**a spoon with which I can eat** という形ができます。この I can eat の部分を to不定詞に置き換えると **a spoon with which to eat** となるので，④ with which to が正解と判断できます。
和訳 私は，このフルーツプリンを食べるためのスプーンを探しています。

10 ⑥②④①⑤③ He seemed to be filled with anxieties the cause of which I couldn't imagine.
（S）（V）（C）（O'）（S'）（V'）
▶ **be filled with ～**「～で満たされている」から，まず filled with anxieties（⑥②④）で「不安で満たされている」を作ります。関係詞節は I couldn't imagine **the cause of them**「その原因を想像できなかった」の them が which に代わり the cause of which が関係詞節の冒頭にあると考え，the cause of（①⑤③）を後続させます。
和訳 彼は私がその原因を想像できないような不安でいっぱいのように見えた。

11 できる所ならどこに駐車してもかまいません。

You may ☐ ☐ ☐ ☐ ☐ ☐ .

① can ② car ③ park
④ wherever ⑤ you ⑥ your

（日本大）

12 一日中，ひどい嵐だった。その間に船は沈んだ。

It was very stormy all day, ☐ ☐ ☐ ☐ ship sank.

① the ② during ③ time ④ which

（駒澤大）

13～15：下線部のうち，誤りを含むものを選べ。

13 The man ①whom I had thought was ②a friend ③suddenly grabbed me ④by the arm and took me away.

（専修大）

14 Younger people seem to be ①more able to ②settle down away ③from the country ④which they were born and raised.

（中央大）

15 ① I recently talked to Dr. Smith, who lectures in music at the university.
② I was a teacher in the college which your sister was working.
③ I was introduced to the writer, whom I was anxious to meet.
④ The gentleman whose briefcase was stolen was very upset.

（日本大）

11 ③⑥②④⑤① You may park your car wherever you can.

▶ まず，助動詞 may のあとに park your car（③⑥②）で「駐車する」を作り，そのあとに**複合関係副詞**が導く節である wherever you can（④⑤①）を続けます。この文では，反復を避けるため文末の can のあとに park your car が省略されています。

12 ②④③① It was very stormy all day, during which time the ship sank.

▶ the ship sank **during that time**「その間に船は沈んだ」という文の指示形容詞 that が**関係形容詞**に置き替えられたと考えられるので，during which time（②④③）がまずでき上がり，最後に ship の前に① the を置いて完成です。

13 ① whom → （正）who

▶ was の主語がないので I had thought が挿入節だと推測します。これを除いた形は The man whom was a friend となり，明らかに誤りなので，① whom を**主格の関係代名詞** who にする必要があります。〈I had thought（that）＋S＋was a friend〉で S が関係代名詞 who に置き替えられ，先行詞 The man の直後に移動したと考えるとわかりやすくなります。

和訳 私が友だちだと思っていた男が，突然私の腕をつかみ，私を連れ去った。

14 ④ which → （正）in which［where］

▶ 関係代名詞 which のあとで主語や目的語などの名詞の不足がないので，④ which は不適切です。ここでは，... born and raised in the country と考え in which とするか，関係副詞の where を用いる必要があります。

和訳 若い人たちは，生まれ育った国から離れても，より周りになじめるように思える。

15 ② which → （正）where

▶ ②の下線部の後ろでは，your sister was working という文が完成しているので，関係代名詞ではなく，**関係副詞**の where にする必要があります。①は動詞 lectures の主語が不足しているので，主格の関係代名詞で誤りなしです。③は meet の目的語が不足しており，目的格の whom で正しい。④は his briefcase と考えられるので，所有格の whose で誤りなしです。

和訳 ① 私は最近スミス博士と話しましたが，彼は大学で音楽の講義をしています。
　　② 私はあなたのお姉さんが働いていた大学で教師をしていました。
　　③ 私はその作家に紹介されましたが，私は彼にとても会いたいと思っていました。
　　④ 書類入れを盗まれた紳士はとても慌てていました。

7 前置詞

この章では前置詞の重要用法を確認し，さらに多様な意味についても学習しましょう。1つの前置詞が多くの意味を持っていますが，それぞれの基本的な意味を大きくとらえた上で，細かい用法をチェックするのが前置詞をマスターする近道です。

☑Check 1 前置詞 on

次の文の空所に最も適切なものを選んで入れよ。
Rachel looked happy to be back ⬚ the job.
① in ② to ③ on ④ with (日本大)

正解 ③

解説 前置詞 on には「(仕事)に従事して」という意味があります。be back on the job で「仕事に復帰して」という意味になり，③ on が正解です。

和訳 レイチェルは仕事に復帰できて幸せそうだった。

■ 前置詞 on の基本的な意味

前置詞 on の基本的な意味は「〜の上に」ではなく，「**〜に接して**」です。

・Beth put a ring **on** *her finger*. 〔指に接して〕
  ベスは**指**に指輪をはめた。

・He lives in a house **on** *the river*. 〔川に接して〕
  彼は**川**のほとりの家に住んでいる。

・There was a fly **on** *the ceiling*. 〔天井に接して〕
  天井にハエがとまっていた。 ※空間的位置関係ではハエが天井より下になります。

☑Check 2 動作＋目的語＋前置詞＋the＋身体部位

次の文の空所に最も適切なものを選んで入れよ。
The policeman caught the thief ⬚ the arm.
① by ② of ③ to ④ for (東海大)

正解 ①

解説 〈catch＋O＋by the arm〉で「〜の腕をつかむ」という意味になります。よって，① by が正解です。The policeman caught the thief's arm. でも近い意味になりますが，こちらは体の部位自体に重点が置かれている表現です。

和訳 警官は泥棒の腕をつかんだ。

基本的な前置詞の意味の違いによる使い分け（p.74 押さえておきたい6題：1・3参照）や慣用的に用いられる群前置詞（☑Check 3 参照）などがよく出題されます。問題文の意味を正確に読み取って，適切に選択する必要があります。

■ 動作＋目的語＋前置詞＋the＋身体部位

　　体の部位にかかわる動作の**対象となる人**に焦点を当てる表現では，〈**動作＋目的語（人）＋前置詞＋the＋身体部位**〉というパターンが用いられます。この場合は動作の種類により前置詞が異なることと，身体部位の前に所有格代名詞ではなくthe が置かれることに注意が必要です。

　　· Tom **hit** *me* **on** the head.　　　　トムは私の頭を段った。
　　· He **grabbed** *me* **by** the shoulder.　彼は私の肩をつかんだ。
　　· She **punched** *Paul* **in** the face.　　彼女はポールの顔を段った。

☑Check 3 群前置詞

> 次の文の空所に最も適切なものを選んで入れよ。
> The flight to Paris has been cancelled ◻ mechanical failure.
> ① as for　　② due to　　③ now that　　④ only if　　　　　（昭和女子大）

正解 ②

解説 due to ～ で「～のために」という**原因を表す群前置詞**なので，②が正解です。① **as for ～** は「～に関する限り」という群前置詞，③ **now that ～** は「（今や）～なので」という接続詞，④ **only if ～** は「～の場合にだけ」という接続詞です。

和訳 パリへの飛行機の便は機械の故障のため欠航になった。

■ 群前置詞

　　複数の語がまとまって1つの前置詞として機能する表現のことです。

· **owing to ～**	「～のために」(原因)	· **in addition to ～**	「～に加えて」
· **for[with] all ～**	「～にもかかわらず」	· **for the purpose of ～**	「～の目的で」
· **contrary to ～**	「～に反して」	· **with a view to ～**	「～の目的で」
· **as to ～**	「～について」	· **by means of ～**	「～によって」
· **due to ～**	「～のために」(原因)	· **by way of ～**	「～を経由して」
· **regardless of ～**	「～にもかかわらず」	· **for the sake of ～**	「～のために」(目的)

空所に最も適切なものを選んで入れよ。

1 The heavy snowfall has caused vegetable prices to rise daily ☐ the last two months.

　　① beyond　　　② by　　　③ for　　　④ since

（関西学院大）

2 It is less economical to rent a car ☐ the hour than renting one on a daily basis.

　　① at　　　② by　　　③ during　　　④ while

（近畿大）

3 Are you ☐ or against the plan?

　　① at　　　② by　　　③ for　　　④ in

（駒澤大）

4 ☐ so many people ill, the school decided to cancel some of the classes for one week.

　　① Regarding　　　② Reported　　　③ Since　　　④ With

（立教大）

5 若干のスペルミスを除けば，これはよいレポートだ。
Except ☐ a few spelling mistakes, this is a good paper.

　　① of　　　② to　　　③ by　　　④ for

（中央大）

6 ☐ his timely offer, we could cope with the difficult situation.

　　① In addition　　　② Because
　　③ In spite　　　④ Thanks to

（福岡大）

1 ③

▶ 空所後に the last two months「過去2か月」という**期間**が示されているので，③ for が正解です。④ since であれば，since two months before となる必要があります。

和訳 大雪のせいで過去2か月間，毎日野菜の価格が上がっている。

2 ②

▶〈by the＋単位名詞〉で「～を単位として」という意味になります。

語句 economical 形「節約になる」，on ～ basis 熟「～の基準で」

和訳 1日単位で借りるよりも，時間単位で車をレンタルするほうが高くつく。

3 ③

▶ be against ～「～に反対である」に対し，be for ～ で「～に賛成である」（＝ be in favor of ～）という意味になります。よって，③ for が正解です。

和訳 あなたは計画に賛成ですか，反対ですか？

4 ④

▶ 空所後が名詞句 so many people と形容詞 ill なので，〈with＋O＋C〉で「O が C の状態で」という付帯状況を表すのが適切です。よって ④ With が正解です。

和訳 とても多くの人が病気なので，学校は一部の授業を1週間休講にすることを決めた。

5 ④

▶ except for ～ で「～を除いて」という群前置詞です。よって，④ for が正解です。なお，前置詞 except「～を除いて」は文頭には用いられません。

6 ④

▶ thanks to ～ で「～のおかげで」という群前置詞です。①の in addition は副詞「加えて」で，前置詞としては in addition to ～ になります。②の because は接続詞で，前置詞としては because of ～ です。③は of を加え，in spite of ～ で「～にもかかわらず」の意味になります。

語句 timely 形「時機がちょうどよい」，cope with ～ 熟「～に対処する」

和訳 彼のタイミングのよい申し出のおかげで，私たちは困難な状況に対処することができた。

差がつく 15 題

1～10：空所に最も適切なものを選んで入れよ。

1 Her father worked hard ☐ the expense of his health.

    ① in   ② at   ③ on   ④ by

（西南学院大）

2 The plan is in complete accord ☐ the proposal made by the committee.

    ① among   ② with   ③ by   ④ from

（亜細亜大）

3 It is ☐ great importance to preserve nature.

    ① for   ② in   ③ of   ④ with

（立命館大）

4 We had nothing to do ☐ the long train trip, so we played cards.

    ① in   ② on   ③ with   ④ at

（駒澤大）

5 This is ☐ the house. You don't have to pay.

    ① on   ② through   ③ at   ④ in

（駒澤大）

1　②
▶ at the expense of ~ で「~を犠牲にして」という意味です。よって，② at が正解です。この表現は **at the price[cost] of** ~ でも表すことができます。expense, price, cost はすべて「費用（価格，犠牲）」という意味を持ちます。
[和訳] 彼女の父親は健康を犠牲にして，一生懸命働いた。

2　②
▶ in accord with ~ で「~と一致して」という意味です。よって，② with が正解です。過去分詞 made by 以降は the proposal を修飾しています。
[和訳] その計画は委員会が行った提案と完全に一致している。

3　③
▶〈be of＋抽象名詞〉で「~の性質をもった」という属性を表す意味になります。よって，③ of が正解です。〈of＋抽象名詞〉が形容詞の働きをするので，この文は It is **very important** to preserve nature. に書き換えられます。
[和訳] 自然を守ることは非常に重要です。

4　②
▶ have nothing to do with ~ で「~と全く関係がない」という意味の表現がありますが，ここでは意味が不自然になります。この問題では，have nothing to do は「何もすることがない」で，そのあとに「長い列車での旅行で」という意味が続くのが自然なので，「行動の途中」を表す ② on が正解になります。go on a trip「旅行に出かける」などとして使います。この on は on vacation「休暇で」や on business「仕事で」の on と同じ用法です。
[和訳] 長い列車の旅で何もすることがなかったので，私たちはトランプをしました。

5　①
▶ 前置詞 on には「（飲食物などの勘定が）~持ちで，~の負担で」という意味があるので，① on が正解です。on the house で「（料理が）店のおごりで」という熟語として使われます。
[和訳] これは店からのおごりです。支払いの必要はありません。

6 I like to sleep at least seven hours ☐ night.

① per a   ② per   ③ each a   ④ every a

（青山学院大）

7 All international students should report to the student affairs office ☐ their arrival at the school.

① when   ② if   ③ upon   ④ as soon as

（南山大）

8 It's ☐ you if you believe it or not.

① as for   ② down with   ③ out of   ④ up to

（関西学院大）

9 ☐ painting many pictures, he composed music.

① Apart from   ② Owing to
③ Anxious for   ④ Because of

（関東学院大）

10 We have no choice ☐ to go with another supplier.

① but   ② besides   ③ because   ④ bring

（学習院女子大）

6 ②
▶ 前置詞 per は「〜ごとに，〜につき」という意味で，後ろには無冠詞で単位を表す名詞が後続します。よって，② per が正解です。③と④はどちらも不定冠詞 a をとり，each night，every night であれば正しくなります。

和訳 私は一晩に少なくとも 7 時間眠ることにしている。

7 ③
▶ 〈upon[on]＋動詞から派生した名詞[動名詞]〉で「〜すると(すぐに)」という意味です。ここでは arrival「到着」が後続し，「到着すると(すぐに)」の意味となります。

和訳 海外からの学生は全員，学校に到着したらすぐに学事課に報告すべきだ。

8 ④
▶ up to 〜 は「〜のところまで」が基本義ですが，be up to 〜 で「〜がすべきものだ，〜の責任である」という意味を表します。よって，④ up to が正解です。なお，この文では，文頭の形式主語の It が if によって導かれる名詞節を指しています。

和訳 それを信じるか信じないかは君次第だ。

9 ①
▶ apart from 〜 で「〜は別として，〜のほかに」を表す群前置詞です。aside from 〜 も同様の意味を表します。②は owing to 〜「〜のために」で④の because of 〜 と同じ意味，③は形容詞で be anxious for 〜 で「〜を切望して」。

和訳 多くの絵を描く以外に，彼は作曲した。

差がつくポイント | but のあとは原形か to 不定詞か

10 ①
▶ have no choice but to *do* で「*do* するより仕方がない」という慣用表現で，正解は ① but です。but には「〜を除いて」という**前置詞**の用法があり，この表現は「*do* する以外に選択の余地がない」というのが文字通りの意味です。

和訳 私たちはほかの仕入れ先を選ぶより仕方がない。

● **前置詞 but のあとの動詞の形**

> 前に do や can があれば原形

・She **did** nothing **but** *complain* about her husband.
彼女は夫の文句ばかり言っていた。

> 前に do や can がない場合や，choice がある場合は to 不定詞

・There was nothing for it **but** *to wait*.
待つより仕方がなかった。

11〜15：下線部のうち，誤りを含むものを選べ。

11 American men were 172 centimeters ①tall, ②on average, in the year 1750, and they towered ③over Englishmen and Norwegians ④for seven centimeters.

（日本大）

12 Hiroshi goes fishing ①to Lake Biwa ②most weekends, but he ③seldom gets ④a good catch.

（関西外国語大）

13 There are many ways ①at which ②conflicts arise. Differences ③in religion, customs, appearance, or background may keep people ④from understanding each other.

（関西外国語大）

14 ①In preparation for the exam, I will ②make a list of books for you ③to read and will send it to you ④either email or fax.

（南山大）

15 A lot of tourists ①coming to Japan ask ②where they can find more information ③to sightseeing spots and restaurants, ④in addition to arts and crafts.

（立命館大）

11 ④ for → (正) by

▶ for seven centimeters では文意が成立しないので，**差や程度**を表す前置詞 by に変え，「7 センチ差で」の意味とします。

語句 on average 熟「平均して」，tower over ～ 熟「～より高くそびえ立つ」

和訳 1750 年にはアメリカ人男性は平均して 172 センチの背丈で，イギリス人男性やノルウェー人（男性）よりも 7 センチ背が高かった。

12 ① to Lake Biwa → (正) on [in, at] Lake Biwa

▶ go *doing* の「do しに行く」の表現では，go の目的地ではなく，do が行われる場所が示されるので，前置詞は to にはなりません。「湖面で」の意味で on や，その地域を指すと考えるなら in や at も可です。*cf.* go shopping **at** a supermarket「スーパーに買い物に行く」　語句 catch 名 捕獲物［量］

和訳 ヒロシはほとんどの週末に琵琶湖に釣りに行くが，よく釣れることはめったにない。

13 ① at → (正) in

▶ 名詞 a way が関係詞 which を後続させる場合，前置詞は ① at ではなく，in となります。the way（in which/that）～ で接続詞的に機能し「～の仕方」という表現になることも確認しておきましょう。

和訳 争いには多くの起こり方がある。宗教，慣習，外見，素性の違いなどが人々が互いを理解するのを妨げるのかもしれない。

14 ④ either email or fax → (正) either by email or (by) fax, by either email or fax

▶ email，fax ともに名詞なので，either email or fax としても，副詞として機能できません。したがって，前置詞 by を用いて，by email「E メールで」，by fax「ファックスで」という手段を表す副詞句にする必要があります。

和訳 試験の準備に，あなたが読むべき本の一覧を作って，E メールかファックスで送ってあげますよ。

15 ③ to → (正) on [about]

▶「～についての情報」という意味では，information on [about] ～ という表現が用いられます。よって，③ to を on または about に変える必要があります。

和訳 日本に来る多くの観光客が，美術工芸に加えて観光名所やレストランに関する情報をより多く見つけられるのはどこかと尋ねる。

8 接続詞

この章では，語と語，句と句，節と節を結びつける役割を果たす接続詞の意味と用法を再確認し，さらに複数の語がまとまって 1 つの接続詞として機能する群接続詞に関する知識も拡充しましょう。文中では，接続詞の数は節の数より 1 つ少ないことを確認しましょう。

✓Check 1 主語と動詞の数の一致

次の文の空所に最も適切なものを選んで入れよ。
Both you and I 　　　　　 suspected by the police.
① are　　② am　　③ is　　④ be　　　　　　　　　　（駒澤大）

正解 ①

解説 both *A* and *B* で「A と B の両方」の意味ですが，これが主語を修飾する形で用いられている場合は，動詞は**複数一致**になるので，① are が正解です。

和訳 あなたと私の両方とも警察に疑われています。

■ ほかに以下のような例もあります。

Not only you **but also** I *am* poor.　　〔not only *A* but also *B* → **B に一致**〕
君だけじゃなく僕も貧乏だ。

✓Check 2 節の数と接続詞の数

下線部のうち，誤りを含むものを選べ。
Even though the United States ①does not have a national university, ②but the idea ③has been around for ④a few hundred years.　　　　　（明治学院大）

正解 ②　but → （正）**削除**

解説 文頭に **Even though** ~ 「~ではあるけれども」という接続詞が置かれているので，② but は不要です。文中での接続詞の数は常に節の数より 1 つ少なくなります。ここでは節が 2 つあるので，接続詞は 1 つです。

和訳 アメリカには国立大学はないが，（国立大学を持つべきだという）その考え方は数百年間存在している。

■ 接続詞の数＝節の数マイナス－ 1

1 つの文に含まれる接続詞および関係詞の数は，省略などがない限り，必ず節の数より 1 つ少なくなります。文法問題だけではなく，英作文などの場合にも，このことに注意しておきましょう。

「譲歩」の even if［though］（✓Check 2 参照），「理由」の since（p.84 押さえておきたい 6 題：2 参照），「対比」の while（p.84 押さえておきたい 6 題：5 参照）などが頻出ですが，群接続詞（p.84 押さえておきたい 6 題：3 参照）もよく出題されます。

・ Although ｓhe ｖdidn't know ｏ whether ｓ″she ｖ″would like ｏ″it, ｓhe ｖgave ｏit to her anyway.

彼は彼女がそれを気に入るかどうかわからなかったが，とにかく彼女にそれをあげた。

接続詞の数＝ 2（although, whether）；節の数＝ 3

・ When ｓ″she ｖ″helped ｏ″the woman ｓ″′who ｖ″′was ｃ″′in trouble, ｓshe ｖremembered ｏthat ｓ″she herself ｖ″had once been helped in the same way by a stranger.

困っていた女性を助けたとき，彼女自身がかつて見ず知らずの人に同じように助けられたことを思い出した。

接続詞の数＝ 2（when, that）；関係代名詞の数＝ 1（who）；節の数＝ 4

✓Check 3 目的の副詞節を導く接続詞

次の文の空所に最も適切なものを選んで入れよ。

Smoking is not allowed in restaurants in New York ☐ customers can eat in a healthy environment.

① so that　　② in order to　　③ therefore　　④ then　　（南山大）

正解 ①

解説 〈so that ＋ S ＋ can［could］〜〉で「S が〜できるように」という目的を表す構文があります。よって，① so that が正解です。

和訳 客が体によい環境で食事できるように，ニューヨークではレストランでの喫煙は許されていません。

■ 目的・結果の副詞節を導く接続詞

・彼はバスに遅れないように速く走った。

He ran fast **so** (**that**) he *wouldn't* miss the bus.

・家族の暮らしむきがよりよくなるように，彼は一生懸命に働いた。

He worked hard **in order that** his family *could* have a better life.

・列車に遅れないように，彼女は家を早く出た。

She left home early **for fear** (**that**) she *might* miss the train.

押さえておきたい6題

空所に最も適切なものを選んで入れよ。

1 You shouldn't do it ☐ you don't want to.

    ① although   ② if   ③ the reason that
    ④ unless   ⑤ until

（武蔵大）

2 Mr. Brett missed the train ☐ he was working late.

    ① after   ② until   ③ since   ④ that

（法政大）

3 ☐ my son enters elementary school, he should be able to say the English alphabet.

    ① Before long   ② By the time   ③ While   ④ Until

（立教大）

4 It is often assumed that humans differ from other creatures ☐ they can think and speak.

    ① in that   ② in which   ③ to that   ④ to which

（立命館大）

5 In Japan, ☐ most elementary schools and many junior high schools have lunch programs, kindergartens and high schools tend not to.

    ① while   ② since   ③ when   ④ during

（専修大）

6 ☐ many tests have been performed, the exact cause of the airplane accident has yet to be discovered.

    ① Despite   ② There are
    ③ Regardless of   ④ Even though

（清泉女子大）

1 ②

▶ 空所前後の意味関係から ② if「もし〜であれば」が適切です。④ unless「〜でない限り」は空所後に否定が含まれているので，意味的に不自然になります。

[和訳] もしあなたがそれをやりたくないのであれば，すべきではありません。

2 ③

▶ 空所前後の「列車に遅れた」と「遅くまで働いていた」から，「理由」を表す ③ since が適切だと判断します。なお since には「〜から（ずっと）」という意味もあり，前置詞や接続詞として用いられます。

[和訳] ブレット氏は遅くまで働いていたので，列車に乗り遅れた。

3 ②

▶ ② By the time 〜 で「〜するまでに」という**群接続詞**です。① Before long は副詞で「やがて」です。③ While は対比や期間の意味ですが，「〜である一方」「〜する間」のいずれもここでは不自然です。④ Until は継続「〜まで」です。

[和訳] 息子が小学校に入るまでには，英語のアルファベットを言えるようになっているべきだ。

4 ①

▶ ① in that 〜 で「〜という点で」という意味を表します。

[語句] assume 他「（確証はないが）〜と信じる」，creature 名「生物」

[和訳] 人間は考え，言葉を話すことができるという点でほかの生物と異なると，しばしば考えられている。

5 ①

▶ 文末の tend not to は反復を避けるため to have lunch programs の have 以下が省略されたものです。よって，2つ目のコンマ前後の意味関係から「対比」の意味が適切なので，① while が正解になります。

[和訳] 日本では，ほとんどの小学校と多くの中学校が給食制度をとっていますが，幼稚園と高校はそうではない傾向があります。

6 ④

▶ コンマの前後で2つの節があるので，従属接続詞が必要です。① Despite と ③ Regardless of は前置詞なので，不適切です。④ Even though「〜ではあるけれども」が譲歩の接続詞なので，これが適切です。　[語句] perform 他「〜を実行する」，exact 形「正確な」，have yet to *do* 熟「まだ〜していない」

[和訳] 多くのテストが行われたが，航空機事故の正確な原因はまだ見つかっていない。

1〜8：空所に最も適切なものを選んで入れよ。

1 [____] you will succeed depends on how hard you work.

① Whether or not   ② Even if   ③ Though   ④ In case

（福岡大）

2 Tom was standing exactly [____] you are standing now.

① where   ② which   ③ that   ④ when

（摂南大）

3 [____] we miss the train, what shall we do?

① Having   ② Looking   ③ Being   ④ Supposing

（駒澤大）

4 Children can go and see the movie [____] condition that their parents go together with them.

① in   ② on   ③ at   ④ for

（東海大）

5 I knew something was wrong with the engine [____] I tried to start the car.

① although   ② even if   ③ however   ④ the moment

（近畿大）

1 ①

▶ 空所から succeed までで，動詞 depends の主語になる**名詞節**が必要です。whether は「〜かどうか」という**名詞節を導く接続詞**なので，①**Whether or not** が正解です。②の even if は「たとえ〜だとしても」，③の though は「〜だけれども」。④の in case は群接続詞で「〜に備えて，もし〜ならば」。

和訳 成功するかどうかは，あなたがどのくらい懸命に働くかにかかっている。

2 ①

▶ Tom was standing の場所を示す副詞節が後続することになりますが，**接続詞の**①**where** を用いて「〜するところに[へ，で]」という意味が表現できます。

和訳 トムはまさに今あなたが立っている場所に立っていました。

3 ④

▶ ④**Supposing** は接続詞的に機能し，「〜と仮定すると」を表します。supposing that 〜 という形で，that が置かれる場合もあります。仮定の内容ですが，後続する節では仮定法ではなく，未来の意味で直説法現在の miss が用いられています。

和訳 列車に乗り遅れたとすると，どうしましょうか？

4 ②

▶ on (the) condition that 〜 で「〜という条件で」という接続詞として機能します。よって，②**on** が正解。なお，この節中では未来の意味での will は用いません。

和訳 親が一緒に行くという条件で，子供はその映画を見に行くことができます。

差がつくポイント　他品詞から接続詞への転用

5 ④

▶ ④**the moment 〜** で「〜するとすぐに」という意味の接続詞として機能します。**the instant 〜，the minute 〜** なども同様の意味で用いられます。

和訳 車のエンジンをかけようとした瞬間に，故障していることがわかった。

● **接続詞として働く重要表現**

・The moment[instant, minute] (that) the baby saw her mother, she stopped crying.　〔**the＋名詞→接続詞**〕
　赤ん坊は母親の姿を見るとすぐに泣きやんだ。

・She called me immediately[directly] she got home.〔**副詞→接続詞**〕
　帰宅するとすぐに彼女は私に電話してきた。

6 Please leave this kitchen equipment ☐ you would hope to find it.

    ① because   ② as   ③ that   ④ which

（駒澤大）

7 Such a technique will not do ☐ does not ordinarily produce the expected outcome.

    ① because of it   ② because it
    ③ it because   ④ it because of

（日本大）

8 Because of the heavy snow I ☐ if she will be able to come in time.

    ① doubt   ② suppose   ③ suspect   ④ am afraid

（東京電機大）

9〜10：下線部のうち，誤りを含むものを選べ。

9 You ①will fail the examination unless you ②don't ③study ④hard.

（国士舘大）

10 Not only Tom but ①also Kent ②were fired due ③to ④their poor ⑤sales averages.

（日本大）

6　②

▶ 接続詞の as には「〜(する)ように，〜(する)とおりに」という意味があります。ここでは as you would hope to find it で「あなたがそれを見つけたいように」という意味になります。なお，**leave 〜 as it is** で「**それをそのままにしておく**」という意味が表現できることも覚えておきましょう。

和訳 この台所用品は自分が見つけたいと思うとおりに置いておいてください。

7　②

▶ 空所後で does not ... produce の主語がないので，接続詞と主語になる代名詞を含む ② because it が正解になります。なお，空所前の **do** は目的語を持たない**自動詞**で「間に合う，役に立つ」という意味であることに注意が必要です。

語句 ordinarily 副「ふつう」，expected 形「期待される」，outcome 名「結果」

和訳 そのような技巧は，ふつう期待される結果を生まないので，役に立たないだろう。

8　①

▶ 空所後の接続詞が if になっている点に注目します。doubt if 〜 で「〜かどうかを疑う」という意味になるので，① doubt が正解です。② suppose，③ suspect，④ am afraid はいずれも，if節ではなく that節を後続させます。

和訳 大雪なので，彼女は時間通りに来られないのではないだろうか。

9　②　**don't** → (正) 削除

▶ 接続詞 unless 〜 で「〜でない限り」という否定の条件が設定されるので，unless の導く節中に否定語を含めると意味が成立しません。よって ② don't を削除する必要があります。この文は You will fail the examination if you don't study hard. に書き換えられます。

和訳 一生懸命勉強しないと，試験に落ちますよ。

10　②　**were** → (正) **was**

▶ not only A but also B「A だけではなく B も」が主語の位置に置かれている場合は，**動詞は B に一致**します。ここでは Kent に一致することになるので，② were を was に直す必要があります。

語句 fire 他「〜を解雇する」

和訳 平均の販売成績が悪いため，トムだけではなく，ケントも解雇された。

9 さまざまな構文

この章では，否定・倒置・省略などのパターンに関する知識を整理し，それらに関連する慣用的な表現を身につけましょう。さらに，形式主語と形式目的語の使い方や，主語と動詞の数の一致といった文構造の細部にも目を向けましょう。

☑Check 1 「〜するとすぐに…」

次の文の空所に最も適切なものを選んで入れよ。

Hardly had he left the room ☐ he burst into laughter.

① any ② when ③ if ④ after （東洋大）

正解 ②

解説 〈Hardly[Scarcely] had + S + Vpp 〜 when[before] …〉で「〜するとすぐに…（した）」という意味を表す構文があり，正解は② when になります。

和訳 彼は部屋を出るとすぐに大笑いした。

■「〜するとすぐに…」の表現パターン

この意味を表す表現は as soon as や第8章に示した the moment[instant, minute], immediately や directly を用いる以外にも以下のような表現があります。否定語が文頭にある場合は，倒置となります。

・彼女が家を出るとすぐに雨が降り出した。

Hardly[**Scarcely**] *had* she *left* her house **when**[**before**] it began to rain.

= She *had* **hardly**[**scarcely**] *left* her house **when**[**before**] it began to rain.

= **No sooner** *had* she *left* her house **than** it began to rain.

= She *had* **no sooner** *left* her house **than** it began to rain.

☑Check 2 譲歩節中の倒置

次の文の空所に最も適切なものを選んで入れよ。

Young ☐ he was, he was brave enough to confront the president of the company.

① so ② on ③ through ④ that ⑤ as （日本大）

正解 ⑤

解説 補語となる形容詞を文頭に置いて，〈形容詞 + as[though] + S + V〉で「〜ではあるが」という譲歩の節が作られます。よって，⑤ as が正解です。

和訳 彼は若かったが，会社の社長と対決するほど勇敢だった。

「〜するとすぐに…」を表す表現パターン（☑Check 1 参照）は入試で頻出です。さらに否定や強調による倒置（p.92 押さえておきたい6題：2，p.96 差がつく 10 題：6 参照），主語と動詞の数の一致（p.96 差がつく 10 題：8 参照）などもよく問われます。

■ 譲歩節中での倒置

・*Incredible* **as**〔**though**〕it may seem, he survived the accident.
　信じられないかもしれないが，彼はその事故で生き延びた。　〔形容詞が文頭〕

・*Child* **as**〔**though**〕he was, he was very brave.
　彼は子供だが，とても勇敢だった。　　　　　　　　　　　　〔名詞が文頭〕
　※名詞の場合には，その名詞が形容詞的に機能するので，A child ではなく冠詞なしの Child になります。

・*Try* **as**〔**though**〕he may, he could not solve the puzzle.
　彼がどんなにやっても，そのパズルは解けなかった。　　　〔動詞の原形が文頭〕

☑Check 3　強調構文と not ... until 〜

> 次の文の空所に最も適切なものを選んで入れよ。
> It was ＿＿＿ he was thirty that he got a full-time job for the first time.
> ① surprising　　② necessary　　③ but because　　④ not until　　（東洋大）

正解 ④

解説 It is not until 〜 that ... で，文字通りの「…は〜までは（し）ない」から，「〜まで…（し）ない」，「…は〜して［になって］初めてだ」を意味する構文です。よって，正解は ④ not until になります。これは not ... until 〜「〜するまで…ない」の until が導く副詞節を it ... that の強調構文と組み合わせた形です。

和訳 彼は 30 歳になって初めて定職に就いた。

■ 強調構文と not ... until 〜 の書き換え

彼女は皆が寝てしまうまで帰宅しなかった。

She did **not** get home **until** everyone had gone to bed.

　＝ *It* was **not until** everyone had gone to bed *that* she got home.

押さえておきたい6題

空所に最も適切なものを選んで入れよ。

1 The reason for his failure is ☐ he relied too much on his people's good will.

    ① if   ② that   ③ while   ④ why

（金城学院大）

2 Bill said that only then ☐ what she meant.

    ① he can understand   ② understood he
    ③ could he understand   ④ he did understand

（高知大）

3 We had ☐ started playing baseball when it began to rain.

    ① yet   ② hardly   ③ seldom   ④ since

（南山大）

4 In this shop, you should not speak to the customer unless ☐.

    ① spoken   ② spoken to   ③ speaking   ④ speaking to

（松山大）

5 Nowadays, it is ☐ for granted that everyone has a number of rights and freedoms.

    ① taken   ② gotten   ③ given   ④ thought

（成蹊大）

6 I cannot listen to this song ☐ of my childhood.

    ① as to think   ② in thinking
    ③ without thinking   ④ by thinking

（獨協大）

1 ②
▶ 空所前の **be動詞 is の補語となる名詞節**が必要であり，その**名詞節は文の主語 The reason の内容を説明**するものとなるので，② that が正解です。reason「理由」があるからといって，④ why を選ばないように注意が必要です。
語句 rely on ~ 熟「~を当てにする」，will 名「意思」
和訳 彼の失敗の理由は，彼が人々の善意にあまりに頼り過ぎていたことだ。

2 ③
▶ that 節の冒頭に only then「そのときになって初めて」という限定表現があり，**否定語句が文頭にある場合と同様に倒置**になります。よって，③ could he understand が正解です。
和訳 そのときになって初めて彼女の意図が理解できた，とビルは言った。

3 ②
▶ 〈S + had hardly [scarcely] Vpp ~ when [before] ...〉で「~するとすぐに…（した）」という意味が表されます。よって，② hardly が正解です。ここでは否定的意味の副詞 hardly が文頭に置かれていないので，倒置にはなっていません。
和訳 私たちが野球を始めるとすぐに雨が降り出した。

4 ②
▶ unless you are spoken to の接続詞 unless のあとで，〈**主語＋be動詞**〉**が省略**されたと考えます。よって，② spoken to が正解になります。
和訳 この店では，話しかけられない限り客に話をしてはいけない。

5 ①
▶ take it for granted that ~ で「~を当然とみなす」という意味ですが，ここでは受動態が用いられることで，形式目的語 it が形式主語となっていると考えられます。よって，① taken が正解です。
和訳 今日では，だれもがいくつかの権利と自由を持っているのが当然と考えられている。

6 ③
▶ not ... without ~ で「~なしに…ない，…すれば必ず~する」という意味の二重否定の表現があります。よって，③ without thinking が正解になります。
和訳 私はこの歌を聞くと必ず子供のころのことを考える。

1〜5：空所に最も適切なものを選んで入れよ。

1 ⬚ I can say is I want you to be very careful.

① Some   ② All   ③ Much   ④ More

（関西学院大）

2 What do you think made him ⬚ in such a peculiar way?

① act   ② acted   ③ acting   ④ to act

（立教大）

3 I often dream of what it ⬚ like to be rich.

① seemed   ② became   ③ would be   ④ is being

（日本大）

4 He is a fine artist, ⬚ a great one.

① only if   ② not to speak   ③ if not   ④ for example

（東京電機大）

5 Cancer can be cured if ⬚ in time.

① discover   ② to discover
③ discovered   ④ discovering

（福岡大）

1 ②

▶〈All（that）+S+can *do* is ～〉で「Sにできることは～だけだ」という意味が表現できます。ここでは is の補語に，意味的に say の目的語となる名詞節が置かれていることに注意しましょう。*cf.* **All you have to do** is（to）*wait* patiently.「君がしなければいけないのはじっと待つことだけだ」

和訳 私が言えることは，あなたによく注意してほしいということだけだ。

2 ①

▶ do you think は挿入節であると考え，文頭の**疑問詞 What が動詞 made の主語**であることを確認します。「何が彼に～させたのか」（＝「なぜ彼は～したのか」）という意味にするには，〈make+O+*do*〉で「O に *do* させる」という使役動詞の用法が適切だと判断できます。よって，正解は ① act となります。

語句 peculiar 形「変な，妙な」

和訳 なぜ彼はそんな変な振る舞い方をしてしまったと思いますか？

3 ③

▶ what it is like to be ～ で形式主語の it が不定詞を指し，「～であることはどのようなものか」という意味になります。ここでは to be rich が条件を示し，③の助動詞 would を用いた**仮定法過去**で「お金持ちであれば，どのようなものだろうか」という意味が表現されています。

和訳 私はよく，お金持ちであればどんなものであろうかと想像します。

4 ③

▶ *A*, if not *B* で「たとえ *B* ではないにしても *A* だ，*A* だが（ひょっとすると）*B* かもしれない」という意味が表現されます。① only if ～ は「～という場合にだけ」，②は not to speak of ～ で「～は言うまでもなく」，④ for example は「例えば」で，いずれもこの文中では不適切です。

和訳 彼は偉大とは言わないまでも，すぐれた芸術家だ。

5 ③

▶ if it［= cancer］**is discovered in time** と考え，その主語と be動詞（it is）が省略されていると考えます。他動詞 discover の目的語がないことからも，受け身の意味が適切なので，③ discovered が正解になります。

語句 cure 他「～を治療する」，in time 熟「間に合って」

和訳 癌は発見が遅れなければ治療可能です。

6 今回ほど緊張したことはこれまでになかった。

At [　　　] [　　　] [　　　] [　　　] [　　　] [　　　] in my life than I am at this time.

    ① been   ② have   ③ I   ④ more nervous
    ⑤ no   ⑥ time

（近畿大）

7 神が存在するかしないかは，私にとってどうでもよい。

It [　　　] [　　　] [　　　] [　　　] [　　　] [　　　] God exists or not.

    ① difference   ② makes   ③ me   ④ no
    ⑤ whether   ⑥ to

（中京大）

8 One of the important ①suggestions ②made at the meeting ③were to give an orientation guide to ④each student.

（京都外国語大）

9 His explanation for ①his mistakes was starting to ②get a little ③more convincing, but I still ④find hard to believe.

（立命館大）

10 He ①told me angrily ②that how ③did he earn his living was really ④none of my business.

（立命館大）

6 ⑤⑥②③①④　At no time have I been more nervous in my life than I am at this time.

▶ まず，文頭の At のあとに no time（⑤⑥）を続け，否定の意味を持つ副詞句を作ります。**文頭に否定語句があると倒置が起こるので**，have I been（②③①）とし，最後に be動詞の補語になる ④ more nervous を続けて完成です。

7 ②④①⑥③⑤　It makes no difference to me whether God exists or not.

▶ makes no difference（②④①）で「重要でない，違いを生じない」という意味が表されるので，これを主語の It のあとに置き，そのあとに to me（⑥③）を続けます。最後に ⑤ whether を配置し，形式主語の It が指す名詞節が続くようにします。
[語句] exist 自「存在する」

8 ③　were to → （正）was to
▶ 文の主語は文頭の One なので，動詞は**単数一致**となります。よって，③ の were を was に直します。なお，③ の to は名詞用法の不定詞（「～すること」）です。
[和訳] 会議で出された重要な提案の1つは，1人ひとりの学生にオリエンテーション・ガイドブックをあげることだった。

9 ④　find hard to → （正）found it hard to
▶ 〈find＋O＋C〉で「O を C と思う」ですが，④の find hard to では目的語が不足しています。そこで，**形式目的語の it** を置き，それが to不定詞を指すようにします。さらに，コンマの前と時制をそろえて found とします。
[語句] explanation 名「説明」，convincing 形「納得させる，もっともらしい」
[和訳] 彼のミスについての説明はわずかに説得力が高まり始めたが，それでも信じるのは難しいと私は思った。

10 ③　did he earn → （正）he earned
▶ that節の中で how 以下が was の主語になるので，**how が導く名詞節**である必要があります。**疑問文ではないので語順は**〈S＋V〉とすべきで，③を he earned にしなければなりません。
[語句] none of one's business 熟「～には関係がない」
[和訳] 彼は自分がどのようにして生活費を稼いでいるかは，私の知ったことではないと怒ったように言った。

10 名詞・代名詞の語法

　この章では名詞・代名詞の基本知識を完成させ，さらに代名詞を含む慣用表現に関する知識を拡充しましょう。また，代名詞が主語の位置に置かれている場合の，動詞との数の一致に関する決まりもしっかりと覚えましょう。

☑Check 1 代名詞と動詞の数の一致

次の文の空所に最も適切なものを選んで入れよ。

　_____ of the students has his or her own room in that building.

① Each　　② All　　③ Every　　④ Both　　　　　　　　　（東洋大）

正解 ①

解説 空所後の動詞が has で単数一致している点に着目します。① **Each** が**単数扱い**なので，これが正解です。② All は複数名詞が後続する場合は複数一致，④ Both は「（2人，2つの）両方」を表すので常に複数一致です。③ Every には代名詞としての用法はありません。

和訳 学生たちはそれぞれ，その建物に自分の部屋がある。

■ 代名詞と動詞の数の一致：後続する名詞の単複に注意

All of us *were* happy.	私たちは皆幸せだった。	〔複数一致〕
None of the food *was* fresh.	食事はどれも新鮮ではなかった。	〔単数一致〕
None of them *were* absent.	彼らのだれも休まなかった。	〔複数一致〕
Every student *was* present.	生徒は皆出席した。	〔単数一致〕

☑Check 2 再帰代名詞を含む慣用表現

次の文の空所に最も適切なものを選んで入れよ。

Please _____ yourself to whatever you like.

① bring　　② give　　③ help　　④ take　　　　　　　　（学習院大）

正解 ③

解説 help *oneself* to ～ で「～を自由に取って食べる[飲む]」という意味の**慣用表現**です。よって，③ **help** が正解です。

和訳 どうぞお好きなものを取って食べてください。

名詞については可算・不可算の区別（p.100 押さえておきたい６題：3・5 など参照）が基本になりますが，それに関連して動詞との数の一致（p.104 差がつく 10 題：10 参照），さらに再帰代名詞を含む慣用表現（✓Check 2 参照）なども頻出です。

■ 再帰代名詞を含む慣用表現

- He **enjoyed himself** at the party.　　　〔enjoy *one*self：楽しむ〕
  彼はパーティーで楽しんだ。
- Please **make yourself at home**.　　　〔make *one*self at home：くつろぐ〕
  どうぞおくつろぎください。
- She **was beside herself** with joy.　　　〔be beside *one*self：我を忘れる〕
  彼女はうれしさで我を忘れた。
- Jack **came to himself** after a while.　　〔come to *one*self：意識を取り戻す〕
  ジャックはしばらくして意識を取り戻した。

✓Check 3　to *one*'s ＋感情名詞

次の文の空所に最も適切なものを選んで入れよ。
To my 　　　　　, Stella didn't know how to use her own camera.
① surprise　　② suspense　　③ promise　　④ heart　　　　　（獨協大）

正解 ①

解説 〈to *one*'s ＋感情を表す名詞〉で「〜が…したことには」が表現できます。① surprise を入れ，To my surprise で「私が驚いたことには」の意味となります。

和訳 私が驚いたことに，ステラは自分のカメラの使い方を知らなかった。

■ to *one*'s ＋感情名詞：「〜が…したことには」

- **To** *her* **delight**, her son passed the exam.
  彼女が喜んだことには，彼女の息子は試験に合格した。
- **To** *my* **disappointment**, I discovered that there was no concert ticket left.
  がっかりしたことに，コンサートのチケットは残っていなかった。

・to her astonishment	「彼女が驚いたことには」
・to his joy	「彼が喜んだことには」
・to my regret	「私が後悔したことには」
・to my relief	「私が安心したことには」
・to his dismay	「彼がうろたえたことには」

空所に最も適切なものを選んで入れよ。

1 Free medical services like ⬚ provided in the EU are needed in our country.

 ① as   ② that   ③ those   ④ what

（東洋英和女学院大）

2 The earth revolves around the sun once ⬚ year.

 ① the   ② any   ③ every   ④ at

（専修大）

3 She couldn't go to the party because she had ⬚ to do.

 ① many homeworks   ② a lot of homework
 ③ lots of homeworks   ④ quite a few homework

（専修大）

4 Fortunately, ⬚ of the three school children were hurt yesterday.

 ① either   ② neither   ③ nobody   ④ none

（立命館大）

5 There ⬚ for one more at the table.

 ① is room   ② is a room
 ③ are some rooms   ④ are rooms

（獨協大）

6 Everybody except ⬚ the effect of the medicine.

 ① Jim and she knows   ② Jim and her knows
 ③ Jim and her know   ④ Jim and she know

（成蹊大）

1 ③
▶ provided in the EU によって修飾を受ける名詞あるいは代名詞が必要ですが，ここでは，medical services の反復を避けるための**複数形の代名詞**である ③ those が正解です。 **語句** EU（＝ European Union）名「欧州連合」
和訳 欧州連合で提供されているような無料の医療サービスがわが国でも必要だ。

2 ③
▶「1 年に一度」という意味では，once a year や once every year という表現があるので，③ every が正解になります。 **語句** revolve 自「回転する」
和訳 地球は 1 年に一度太陽の周りを回る。

3 ②
▶ 名詞 homework は**不可算名詞**なので，複数形はなく，(a) few での修飾もできません。a lot of や lots of では修飾可能なので，② a lot of homework が正解です。
和訳 彼女はしなければならない宿題がたくさんあったのでパーティーに行けなかった。

4 ④
▶ ① either や ② neither は 2 者について言及する際に用いる表現なので，ここでは不適切です。nobody は〈of＋句〉での修飾はできません。よって，④ none が正解で，none of ～ で「(3 者以上のうち) ～のだれも…ない」という意味となります。
語句 fortunately 副「幸運にも」，hurt 他「～を傷つける」
和訳 幸いにも，昨日，3 人の学童のうちだれもけがをしなかった。

5 ①
▶「部屋」という意味の room は可算名詞ですが，「場所，空間」という意味の room は不可算名詞です。よって，a がついたり，複数形になったりはしないので，① is room が正解です。
和訳 テーブルにはもう 1 人分のスペースがある。

6 ②
▶ except は前置詞で，それに続く代名詞は目的語として**目的格**となり，she ではなく，her が求められます。さらに文の主語の **Everybody は単数一致**をする語なので，② Jim and her knows が正解になります。 **語句** effect 名「効果，影響」
和訳 ジムと彼女を除いてだれもがその薬の効果を知っている。

差がつく10題

1〜6：空所に最も適切なものを選んで入れよ。

1 About two thirds of the money ☐ on travel.

① have spent　② spent　③ was spent　④ were spent

（近畿大）

2 It took a ☐ for James to remember how to get there.

① time　② long　③ place　④ while

（日本大）

3 The President said the fallen soldiers had not died for ☐.

① anything　② nothing　③ something　④ thing

（駒澤大）

4 The contract they signed earlier had ☐, to do with their later business problems.

① little, if anything　② little, if something
③ much, if something　④ much, if anything

（神奈川大）

5 There was ☐ water as far as the sailors on the boat could see.

① nothing but　② something of
③ any more than　④ no so much

（広島工業大）

1 ③

▶ **two thirds of 〜** で「〜の3分の2」ですが，分数を表す語句が主語の場合，of のあとの**名詞が複数名詞なら複数一致，単数名詞なら単数一致**になります。ここでは the money と単数名詞になっているので，③ **was spent** が正解です。なお，分数の作り方は，〈**基数詞＋序数詞**〉で分子が2以上の場合には分母は複数形になります。

[和訳] そのお金の約3分の2が旅行に費やされた。

2 ④

▶ **while** には名詞で「**しばらくの間**」という意味があります。It took a while for 〜 to *do* で「〜が*do*するのにしばらく時間がかかった」という意味になります。①の time を用いるのであれば，some time や a long time という形になります。

[和訳] ジェームズがそこにどう行けばよいかを思い出すのにしばらくかかった。

3 ②

▶ ② nothing を入れ，**for nothing** で「**無駄に**」という表現にします。had not died for nothing なので，二重否定となり，「**無駄に死んだのではない**」という意味です。

[語句] fallen [形]「倒れた，倒れて死んだ」，soldier [名]「兵士」

[和訳] 大統領は亡くなった兵士たちは無駄死にしたわけではないと言った。

4 ①

▶ **have little to do with 〜**「**〜にほとんど関係がない**」と，**if anything**「**もしあるにしても**」という表現の組み合わせです。よって，① **little, if anything** が正解です。

[語句] contract [名]「契約」

[和訳] 彼らが以前に署名した契約は，のちの業務上の問題とは（もしあるにしても）ほとんど関係がなかった。

5 ①

▶ **but** には**前置詞**として「**〜以外に**」という用法があり，① **nothing but 〜** で「〜以外の何も（ない）」すなわち，「**〜だけ**」（＝ only）という意味が表現されます。②は something of a 〜 で「ちょっとした〜，かなりの〜」です。

[語句] as far as 〜 [接]「〜の限り」

[和訳] 船上の水夫たちには，見渡す限り水しか見えなかった。

6 My mother was always worried about something or ☐.

    ① else   ② less   ③ like   ④ nothing   ⑤ other

(兵庫医科大)

7～10：下線部のうち，誤りを含むものを選べ。

7 A team of scientists are ①on their ②way to observe the eruption and measure ③their impact, including ④calculating the size of the new island.

(関西外国語大)

8 The book is ①too difficult ②to help either you ③or ④I.

(成蹊大)

9 I was ①impressed by the students' concert that ②took place on Saturday. It was one of the best ③performance that I ④have ever seen.

(南山大)

10 ① My family is a large one.
    ② Statistics is a required course for majors in economics.
    ③ The police is looking for a criminal.
    ④ There is little food in the fridge.

(日本大)

6 ⑤

▶ something or other で「何か」という意味になる慣用表現です。something だけの場合よりも，「何かよく知らないが」というニュアンスが強まります。

[和訳] 私の母はいつも何かしらを心配していた。

7 ③ their → （正） its

▶ この their impact の their は意味的に scientists を指すのではなく，**単数名詞の the eruption を指す**ので，③ their ではなく，its としなければなりません。

[語句] on *one's* way (= on the way) [熟]「途中で」，observe [他]「～を観察する」，eruption [名]「噴火」，measure [他]「～を計測する」，calculate [他]「～を計算する」

[和訳] 科学者たちのチームが，新しい島の大きさの計算を含めて，噴火の観測とその影響の計測に向かっている途中だ。

8 ④ I → （正） me

▶ either *A* or *B*「A か B のどちらか」が用いられていますが，それが**不定詞 help の目的語**の位置にあるので，**代名詞は目的格**になる必要があります。よって，④は I ではなく，me にする必要があります。

[和訳] その本は難しすぎて，君にも僕にも役に立たない。

9 ③ performance → （正） performances

▶ 名詞 performance が **one of ～**「～のうちの１つ」のあとにあり，意味的に**複数形**でなければ不自然です。よって，③ performance を **performances** に直します。なお，②の take place は能動態で「～が行われる」という意味です。

[和訳] 私は土曜日に行われた学生のコンサートに感銘を受けた。私がこれまでに見た中で最高の演奏の１つだった。

10 ③ is → （正） are

▶ ③の **The police は複数扱い**なので，is を are にする必要があります。①の **family は家族のメンバーを意識する場合以外は単数扱い**です。②の **statistics は「統計学」の意味では単数一致**，「統計データ」の意味では**複数一致**します。④ **food は個々の種類を言う場合でなければ不可算で単数一致**です。

[語句] required [形]「必須の」，major [名]「専攻学生」，criminal [名]「犯人」，fridge [名]「冷蔵庫」（= refrigerator）

[和訳] ①私の家族は大家族だ。②統計学は経済学専攻の学生には必修の科目だ。③警察は犯人を探している。④冷蔵庫には食べ物はほとんどない。

11 動詞の語法

　この章では動詞のさまざまな語法に関する知識を拡充しましょう。それぞれの動詞がとる文型や，不定詞や分詞などとの組み合わせ，さらには基本的な動詞を含む慣用表現も1つ1つ覚えましょう。

☑Check 1　動詞 say と tell の使い分け

次の文の空所に最も適切なものを選んで入れよ。

I was feeling a bit bored until Nicola ☐ a joke.

① said me　　② said to me　　③ told me　　④ told to me　　　（青山学院大）

正解 ③

解説 動詞 say には〈say＋O_1＋O_2〉の用法はなく，①は不可です。一方，tell は〈tell＋O_1＋O_2〉で用いられるので，③ **told me** が正解になります。

和訳 ニコラが私に向かって冗談を言うまで，少し退屈に感じていました。

■ **say と tell の違い**　　類似した意味の say と tell は使えるパターンが異なります。

・彼は私にそこに行くように言った。

　* He said me to go there. ⇒〈say＋O＋to *do*〉は**不可**

　○ He **told** me to go there.　　　　　　　　　　〔tell＋O＋to *do*〕

・彼は私に彼女が来ると言った。

　* He said me that she would come. ⇒〈say＋O＋that節〉は**不可**

　○ He **told** me that she would come.　　　　　〔tell＋O＋that節〕

　○ He **said** (to me) that she would come.　　〔say＋(to＋人)＋that節〕

　* He told (to me) that she would come. ⇒〈tell＋that節〉は**不可**

☑Check 2　let＋O＋原形不定詞

次の文の空所に最も適切なものを選んで入れよ。

Let me ☐ a couple of questions about your work experience.

① to ask　　② ask　　③ asking　　④ asked　　　（中部大学）

正解 ②

解説 動詞 let は〈let＋O＋*do*〉で「O に（自由に）*do* させる」という意味を表します。よって，原形の ② **ask** が正解になります。ここでは，let の目的語となる me が動詞 ask の意味上の主語になることを確認しておきましょう。

和訳 あなたの職業経験について2つほど質問をさせてください。

自動詞と他動詞の区別（p.108 押さえておきたい 6 題：1 など参照）が最も頻出ですが，say と tell の区別（✓Check 1 参照），make と let の区別（✓Check 2 参照），〈S＋V＋O＋to *do*〉のパターン（p.108 押さえておきたい 6 題：3 参照）もよく出題されます。

■ make と let の使い分け

make と let はどちらも〈V＋O＋*do*〉の形をとりますが，意味が異なります。

・彼女は子供たちを外で遊ばせた。

She **made** her children *play* outdoors. 〔子供たちの意思に関係なく**無理やり**〕

She **let** her children *play* outdoors. 〔子供たちの希望を認めて**許可**〕

✓Check 3 have＋O＋原形／現在分詞／過去分詞

次の文の空所に最も適切なものを選んで入れよ。

I'll need to have my car _____ before my long drive home!

① fix ② fixed ③ fixes ④ fixing （学習院大）

正解 ②

解説 〈have＋O＋*done*〉で「O を do してもらう」という意味となります。ここでは，have my car fixed「私の車が修理された状態を持つ」ということで「車」を主体的に見て受け身の意味になる過去分詞形の ② **fixed** が正解です。

和訳 私は家までの長距離の運転の前に，車を修理してもらう必要がある。

■ 〈have＋O＋C〉の表現パターン

・彼は秘書に書類をファイルさせた。

He **had** his secretary *file* the documents. 〔**have＋O＋*do*：O に do させる**〕

・私は昨日，目を検査してもらった。

I **had** my eyes *tested* yesterday. 〔**have＋O＋*done*：O を do してもらう**〕

・彼女は自転車を盗まれた。

She **had** her bike *stolen*. 〔**have＋O＋*done*：O を do される**〕

・私は彼らに父のことを笑わせてはおけない。

I can't **have** them *laughing* at my father.

〔**have＋O＋*do*ing：O に do させておく**〕

押さえておきたい6題

空所に最も適切なものを選んで入れよ。

1 The price of oil has been ☐ recently.

① raise   ② raising   ③ rise   ④ risen   ⑤ rising   ⑥ rose

（金沢工業大）

2 Surely, the train ☐ the station; there is nobody on the platform.

① has left   ② leaves   ③ has started   ④ starting

（関西学院大）

3 Does your teacher allow ☐ a cell phone at school?

① to use   ② use   ③ you using   ④ you to use

（摂南大）

4 The damage from the disaster will ☐ us thousands of dollars.

① charge   ② spend   ③ fare   ④ cost

（学習院女子大）

5 The teacher mistook me ☐ my twin brother.

① with   ② by   ③ from   ④ for

（日本大）

6 He looked through the window and saw Ryan ☐ there.

① standing   ② stands   ③ stood   ④ to stand

（東京電機大）

1 ⑤

▶ **raise** は**他動詞**で「〜を上げる」を意味し，活用は規則的で **raise-raised-raised** です。一方，**rise**「上がる」は**自動詞**で，**rise-rose-risen** という活用です。選択肢に raised がなく受動態は作れないので，⑤ **rising** を入れ，**現在完了進行形**とします。

和訳 最近，石油の価格が上がり続けている。

2 ①

▶ 動詞 start は「出発する」という意味では，自動詞です。空所後の目的語からここでは不適切です。**leave** は**他動詞**で「〜を出発する」という意味になり，さらにここでは，セミコロン以降の情報から現在完了形が適切で，① **has left** が正解です。

和訳 きっと列車はもう駅を出てしまったんだ。プラットホームにはだれもいない。

3 ④

▶ allow は〈**allow + O + to *do***〉で「O が *do* するのを許す」という第 5 文型のパターンをとる動詞です。目的語が不定詞の意味上の主語になることに注意します。

和訳 あなたの先生はあなたが学校で携帯電話を使うのを許してくれますか。

4 ④

▶ 〈**cost + O₁ + O₂**〉で「O₁ に O₂（の費用）がかかる」という意味です。よって，④ **cost** が正解です。① charge にも〈S + V + O₁ + O₂〉の用法がありますが，「O₁（人）に O₂（代金）を請求する」という意味，また ② spend は「（金）を使う」で，いずれもここでは不自然です。③ fare は名詞で「（乗り物の）運賃，料金」です。

和訳 災害の被害は，私たちにとって数千ドルの支出となるでしょう。

5 ④

▶ **mistake *A* for *B*** で「A を B と間違える」という意味になります。よって，④ **for** が正解です。なお，動詞 take にも **take *A* for *B*** で「間違って A を B と思いこむ」という用法があることも覚えておきましょう。

和訳 先生は私を双子の兄［弟］と間違えた。

6 ①

▶ 〈**see + O + *doing***〉「O が *do* しているのを見る」という知覚動詞のパターンです。O が *doing* の意味上の主語となることに注意しましょう。

和訳 彼が窓越しに見ると，ライアンがそこに立っているのが見えた。

差がつく15題

1～5：空所に最も適切なものを選んで入れよ。

1 John owes much of his success ⬚ his mother.

    ① from   ② to   ③ by   ④ with

（南山大）

2 Julia had her secretary ⬚ the document to the committee members.

    ① is sending   ② send   ③ sent   ④ to send

（立命館大）

3 My doctor suggested ⬚ more rest because I've been more tired than usual recently.

    ① have gotten   ② to be getting
    ③ get   ④ getting

（南山大）

4 I am a pretty good driver, but when it ⬚ to fixing cars, I am no good at all.

    ① takes   ② requires   ③ comes   ④ needs

（南山大）

5 The mistakes he made in his report went ⬚.

    ① notice   ② unnoticed   ③ noticing   ④ unnoticing

（東京国際大）

1 ②
▶ owe *A* to *B* で「A は B のおかげである」という意味になります。よって，② **to** が正解です。なお, owe には同じ形で「B に A の借金がある」という意味もあります。
[和訳] ジョンが成功したのは多くが母親のおかげである。

2 ②
▶ 〈have + O + *do*〉で「O に do させる」という**使役**の意味になります。よって，原形の ② **send** が正解です。③ sent では文の O である her secretary が「送られる」という受け身の意味になるので，明らかに不自然です。
[和訳] ジュリアは秘書に委員会のメンバーへ書類を送らせた。

3 ④
▶ suggest は that 節だけではなく，動名詞を目的語にすることもできますが，to 不定詞を目的語にすることはできません。よって，④ **getting** が正解となります。なお，②は to 不定詞なので不適切であり，①，③は that 節だとしても，いずれも主語が不足するため明らかに誤りです。
[和訳] 私が最近いつもより疲れているので，医者はもっと休息をとるように提案した。

4 ③
▶ **when it comes to ～** で「～（のこと）となると」という慣用表現があります。よって，③ **comes** が正解です。なお，no good の no は「決して～ではない」という強い否定の意味です。
[語句] pretty 副「かなり」, fix 他「～を修理する」
[和訳] 私はかなり運転がうまいのですが，車の修理となると，全くだめです。

5 ②
▶ 動詞 go には「～のままである」という意味の〈S + V + C〉の用法があります。このとき補語には特に**否定的な意味の形容詞や語頭に un- のついた過去分詞**が置かれることがよくあります。ここでは，② **unnoticed** を入れ，go unnoticed で「気づかれないままだった」という意味が適切です。
[和訳] 報告書で彼が犯した間違いは気づかれないままだった。

6 彼女は彼が有名な歌手であることを知らないふりをした。

She ☐ ☐ ☐ ☐ ☐ ☐ a famous singer.

 ① he ② know ③ not to ④ pretended
 ⑤ that ⑥ was   （近畿大）

7 彼女はしばらく水を流したままにしておいた。

☐ ☐ ☐ ☐ ☐ ☐ ☐ while.

 ① the ② for ③ water ④ left
 ⑤ a ⑥ she ⑦ running   （尾道市立大）

8 だれも邪魔しないように取り計らってくれませんか？　隣の部屋でとても大事な会議をしますので。

Could ☐ ☐ ☐ ☐ that no one bothers us?
We'll have a very important meeting in the next room.

 ① you ② to ③ see ④ it   （駒澤大）

9 外国語を学ぶことによって，ほかの人たちともっと心を通わせることができればよいと思っている。

Hopefully, ☐ ☐ ☐ ☐ ☐ ☐
☐ relate more to other people.

 ① you ② learning ③ foreign ④ help
 ⑤ language ⑥ can ⑦ a   （東京経済大）

10 One of ☐ ☐ ☐ ☐ ☐ ☐ famous singer.

 ① a ② daughters ③ to
 ④ married ⑤ was ⑥ her   （獨協大）

6 ④③②⑤①⑥　She **pretended not to know** that he was a famous singer.
　S　　　V　　　　　　　O　　　　　S″　V″　　C″

▶ **pretend to** *do* で「**do** するふりをする」という意味になります。ここではまず，不定詞を否定する必要があり，pretended not to know（④③②）を作ります。そのあとに know の目的語となる that 節で that he was（⑤①⑥）を置きます。

7 ⑥④①③⑦②⑤　She left the water running for a while.
　　　　　　　　　 S　　V　　　O　　　 C

▶ まず，主語と動詞で She left（⑥④）とし，〈**leave＋O＋C**〉「**O を C のままにしておく**」から，the water running（①③⑦）を続けます。そのあとに，for a（②⑤）を配置し，空所後の while と結び，for a while「しばらく」を作ります。

8 ①③②④　Could you see to it that no one bothers us?
　　　　　　　　 (V)　S　　V　　O　　　 S′　　　V′　　O′

▶ まず，丁寧な依頼の表現として，文頭の Could のあとに主語の ① you を置き，そのあとに「〜となるように取り計らう」という意味の慣用表現である〈**see to it＋that 〜**〉を続けます（③②④）。なお，see to it that 〜 は，see that 〜 でも同様の意味が表現できます。

9 ②⑦③⑤⑥④①　Hopefully, **learning a foreign language can help you**
　　　　　　　　　　　　　　　　　　　S　　　　　　　　　　　V　　 O
relate more to other people.
 C

▶ まず，主語を「外国語を学ぶこと」とし，learning a foreign language（②⑦③⑤）を作ります。そして，〈**help＋O＋(to)** *do*〉「**O が do するのに役立つ**」から，can help you（⑥④①）を続け，空所後の原形動詞 relate につなげます。

語句 relate（to 〜）自「（人の）考えを理解する」

10 ⑥②⑤④③①　One of her daughters was married to a famous singer.
　　　　　　　　　　　 S　　　　　　　　　V

▶ 文が One of で始まっているので，まず her daughters（⑥②）で主語を作り，そのあとに was married to（⑤④③）で「結婚した」を作り，to の目的語になる singer につく冠詞の ① a を配置します。なお，*be married with 〜 にはならない点に注意しましょう。

和訳 彼女の娘の 1 人は有名な歌手と結婚した。

11～15：下線部のうち，誤りを含むものを選べ。

11 She ①entered to the room without making ②any sound, ③so as not to disturb ④the others.

（立命館大）

12 The teacher ①told the students ②did not ③to bring ④their cell phones on the school trip.

（南山大）

13 Although you must get off while the bus is ①being cleaned, you may ②leave your suitcases and ③other belongings ④laying on your seat.

（専修大）

14 The teacher had the students ①to prepare ②detailed reports ③on the public pension system in Japan and ④trace its development.

（京都外国語大）

15 I sincerely ①hope that we can prevent the situation ②to getting worse ③since there is no way to undo what ④has happened.

（立命館大）

11　① entered to → （正）entered
▶「～に入る」という意味の enter は**他動詞**なので，前置詞なしに目的語を後続させます。よって①の to が不要です。
[和訳] 彼女は，ほかの人の迷惑にならないように，音を立てずに部屋に入った。

12　② did not → （正）not
▶ tell は〈tell＋O＋that＋S＋V〉「～に…と伝える」や〈tell＋O＋to *do*〉「～に *do* するように言う」で用いるので，② did not を not に変え，不定詞の否定形にします。
[和訳] 先生は生徒たちに修学旅行に携帯電話を持ってこないようにと言った。

13　④ laying → （正）lying
▶〈leave＋O＋*doing*〉で「O を～したままにしておく」の意味ですが，④ laying の lay は他動詞で，後ろに目的語がないため誤りです。ここでは自動詞 lie の現在分詞である lying としなければなりません。 [語句] belongings [名]「所持品」
[和訳] 掃除が行われている間はバスを降りなければなりませんが，スーツケースやほかの持ち物は座席に置いたままにしておいて結構です。

14　① to prepare → （正）prepare
▶〈have＋O＋*do*〉で「O に *do* させる」という使役で，① を原形不定詞の prepare にします。「学生が準備する」という能動関係なので，prepared にはなりません。
[和訳] 教師は学生たちに，日本の公的年金制度についての詳細な報告書を作成させ，その発展をたどらせた。

差がつくポイント　V＋O＋from *doing*

15　② to getting → （正）from getting
▶〈prevent＋O＋to *doing*〉という用法はなく，〈prevent＋O＋from *doing*〉で「O が *do* するのを防ぐ」です。② to getting を from getting に直します。
[和訳] 起こってしまったことを元に戻す方法はないので，状況がこれ以上悪くなるのを防ぐことができればよいと私は心から思う。
● 〈V＋O＋from *doing*〉のパターン：O が *do* しないようにする
・She tried to keep her dog *from barking*.
　彼女は犬が吠えないようにしようとした。
・Nobody can stop him *from going* to Egypt.
　だれも彼がエジプトに行くのを止められない。

12 形容詞・副詞の語法

この章では形容詞・副詞の用法の重要点をチェックしましょう。名詞の可算・不可算に応じた数量表現の違いや，形容詞と特定の前置詞との結びつきなど，基本知識の漏れがないか確認しましょう。

☑Check 1 〈形容詞＋前置詞〉のパターン

次の文の空所に最も適切なものを選んで入れよ。

He is [   ] solving this problem.

① able to　　② capable of　　③ possible to　　④ potential for　　（東北学院大）

正解 ②

解説 空所後が solving という動名詞になっているので，② **capable of** が正解です。**be capable of** *doing* で「**do** することができる」という意味になります。

和訳 彼はこの問題を解決することができる。

■〈形容詞＋前置詞〉の組み合わせ

形容詞には特定の前置詞と結びつくものがあります。例えば，of と結びつく形容詞の代表的なものは以下の通りです。

・He is **afraid** *of* insects.　　　　　　　　彼は虫が怖い。
・She is **aware** *of* his lie.　　　　　　　　彼女は彼の嘘に気づいている。
・Jane is **ignorant** *of* the truth.　　　　　ジェーンは真実を知らない。
・Eddie was **incapable** *of* playing the piano.　エディはピアノを弾けなかった。
・Sue is **independent** *of* her parents.　　　スーは親から独立している。

☑Check 2 the＋形容詞

次の文の空所に最も適切なものを選んで入れよ。

Some may say that I am attempting [   ], but I do not agree.

① an impossible　　② impossible　　③ impossibly　　④ the impossible

（近畿大）

正解 ④

解説 〈the＋形容詞〉で「～なこと」という意味が表現できるので，④ **the impossible** で「不可能なこと」が正解です。

和訳 私が不可能なことをやろうとしていると言う人もいるかもしれないが，私はそうは思わない。

■ the＋形容詞

抽象名詞になる場合と**集合的に人を表す**場合があります。

・抽象名詞になる		・人々を表す	
・the abstract	「抽象的なこと」	・the dead	「死者たち」
・the unbelievable	「信じがたいこと」	・the injured	「負傷者たち」
・the visible	「目に見えるもの」	・the old	「老人たち」
・the invisible	「目に見えないもの」	・the young	「若者たち」
・the unexpected	「予期せぬこと」	・the poor	「貧しい人々」
・the unknown	「知られざること」	・the rich	「金持ちの人々」

☑Check 3 let alone ～ 「～は言うまでもなく」

次の文の空所に最も適切なものを選んで入れよ。

Though Geraldine has lived in Rio de Janeiro for 2 years, she can't speak Portuguese, ☐ Spanish.

① according to ② for all ③ instead of ④ let alone

（東洋英和女学院大）

正解 ④

解説 let alone で「ましてや～でない，～は言うまでもない」という意味が表現されます。この表現はふつう否定文に続く形で用いられます。

和訳 ジェラルディンはリオデジャネイロに 2 年住んでいるが，ポルトガル語を話せないし，ましてスペイン語は話せない。

■「～は言うまでもなく」のさまざまな慣用表現

彼女は英語を話せないし，中国語を話せないのは言うまでもない。

She can't speak English,
- **let alone** Chinese.
- **much〔still〕less** Chinese.
- **not to mention** Chinese.
- **to say nothing of** Chinese.
- **not to speak of** Chinese

押さえておきたい6題

空所に最も適切なものを選んで入れよ。

1 That car is ☐ expensive for most families.

① much so   ② much too   ③ so much   ④ too much

（立命館大）

2 It is ☐ that the President will be elected for another term.

① probably   ② possibly   ③ likely   ④ really

（中央大）

3 I was not aware ☐ offended him at the party last night.

① of being   ② of having   ③ to be   ④ to have

（日本女子大）

4 He spent ☐ the year in California.

① a later half of   ② the latter half of
③ a late half at   ④ the latest half at

（駒澤大）

5 Your bicycle is ☐ to mine, but it isn't exactly the same type.

① similar   ② simple   ③ damaged   ④ used

（亜細亜大）

6 Ken likes American movies very much, so he has ☐ DVDs at home.

① quite a few   ② a quite few
③ a few quite   ④ quite few

（立教大）

1 ②
▶ ④ too much を選びがちですが，much は形容詞の比較級を強めることはできても，一般的に原級を修飾はできないので不適切です。**原級の expensive を too が修飾**し，**その too を強調する much が前に置かれている** ② **much too** が正解となります。
和訳 あの車はたいていの家族にとっては，値段がはるかに高すぎる。

2 ③
▶ **It is likely that ～** で「～しそうである」という意味を表します。よって，③ **likely** が正解です。① probably，② possibly，④ really はすべて副詞なので，be 動詞の補語としては不適切です。なお，この文は The President **is likely to be** elected ... のように不定詞を用いても表現できます。
和訳 大統領はもう 1 期に向けて当選しそうだ。

3 ②
▶ (be) **aware of ～** で「～に気づいている」という意味になります。ここでは，空所後の offended の目的語 him があるので，動名詞は受動態にはならず，完了形の動名詞を作る ② **of having** が正解です。that 節を用いると，I was not **aware that** I *had offended* him ... に書き換え可能です。　語句 offend 他「～の気分を害する」
和訳 私は昨夜のパーティーで彼の気持ちを害したことに気づいていなかった。

4 ②
▶ late の比較級である latter は「(時間的に) あとのほうの」という意味を持ちます。ここでは ② **the latter half of ～** で「～の後半」という意味になります。
和訳 彼はその年の後半をカリフォルニアで過ごした。

5 ①
▶ (be) **similar to ～** で「～に似ている，類似した」という意味になります。よって，① **similar** が正解です。　語句 exactly 副「正確に」
和訳 君の自転車は僕のに似ているが，全く同じタイプというわけではない。

6 ①
▶ ① **quite a few ～** で「かなり多くの～」という意味になり，可算名詞の複数形を修飾します。**a good few ～** も同様の意味になります。この表現の good は「たっぷりの，十分の」という意味です。
和訳 ケンはアメリカ映画が大好きなので，家にかなりたくさんの DVD がある。

差がつく 10 題

1〜5：空所に最も適切なものを選んで入れよ。

1 The math test seemed ☐ to me.

① by far simply   ② much simple
③ quite simple   ④ very simply

（近畿大）

2 The percentage of students attending primary school is more than 98. This suggests that ☐ students can read and write.

① almost all the   ② almost the
③ each most   ④ most every

（青山学院大）

3 Tom has no money of his own. He's totally ☐ on his parents.

① excellent   ② poor   ③ lacking   ④ dependent

（亜細亜大）

4 The street was lined with people on ☐ side, waiting to see the royal couple.

① two   ② both   ③ neither   ④ either

（名古屋学院大）

5 They have to walk ☐ twenty minutes to get to the station.

① another   ② further   ③ more   ④ other

（近畿大）

1 ③

▶ 動詞 **seem** は〈**S＋V＋C**〉で用いられる動詞ですが，C（補語）になるのは形容詞ですので，simple が適切で，副詞 simply では誤りです。形容詞の原級を much で修飾はできず，②は不適切で，simple を副詞 quite で修飾する ③ **quite simple** が正解です。　**語句** math 名「数学」（＝ mathematics）
和訳 数学の試験は私にはとても簡単に思えました。

2 ①

▶ **almost** は **all** や **every** の前に置かれる形で使われます。よって，① **almost all the** が正解です。almost all the students で most of the students と同様の意味です。
語句 percentage 名「割合」，attend 他「～に通う」，suggest 他「～を示唆する」
和訳 小学校に通っている生徒の割合は 98％以上だ。これはほとんどすべての生徒が，読み書きができることを示唆している。

3 ④

▶ (be) **dependent on**［**upon**］～ で「～に頼っている」という意味です。よって，④ **dependent** が正解です。動詞 depend を用いると，He totally **depends on** his parents. となります。なお，反義語の independent は (be) **independent of** ～「～から独立している」と，前置詞は of になります。　**語句** lacking 形「～が欠けている」
和訳 トムは自分のお金は全く持っていない。彼は完全に親に依存している。

4 ④

▶ ④ **either** には side, hand, end などの単数形の名詞とともに「両方の」という意味で用いられる用法があります。ここでは **on either side** で「両側に」で on both sides や on each side と同様の意味になります。
語句 ～ be lined with ... 熟「～に…が並んでいる」，royal 形「王室の」
和訳 王室のカップルを見るのを待ちながら，道の両側には人々が並んでいた。

5 ①

▶ **another** には数詞や数量詞の前に置いて「さらに～の」という用法があり，この場合，**複数形の名詞が後続可能**です。ここでは空所後の twenty minutes を 1 つのまとまりと考え，それが「もう 1 つ」ということで「さらに 20 分」という意味になります。
和訳 駅に着くには，彼らはさらに 20 分歩く必要がある。

6〜10：下線部のうち，誤りを含むものを選べ。

6 We should read as ①much newspapers as we ②can so that we ③can compare the information ④they provide.

（立命館大）

7 Having ①little money ②with me, ③I am impossible ④to afford such a costly bag.

（甲南大）

8 The singer ①quickly won ②popularity ③among young, but it didn't ④last long.

（立命館大）

9 The twins are so ①much like that people find ②it very difficult to know ③one from ④the other.

（明治学院大）

10 We have ①had ②scarcely no communication ③with them ④since World War II.

（成蹊大）

6 ① much newspapers → (正) many newspapers

▶ much は不可算名詞とともに用いるので、〈much + 複数形の名詞〉の ① much newspapers は明らかに誤りです。ここでは、newspapers が「(異なる会社から発刊される) 新聞」という意味で可算名詞なので、much を **many** に直します。

語句 provide 他「～を提供する」

和訳 提供される情報を比較できるように、私たちはできるだけ多くの新聞を読むべきだ。

7 ③ I am → (正) it is

▶ 形容詞 impossible は人を主語にしません。よって、③ I am を **it is** に変え、形式主語の it が to afford を指すように直します。

語句 afford 他「～を持つ余裕がある」、costly 形「高価な」

和訳 手元にお金がほとんどないので、そんな高価なバッグを買う余裕はない。

8 ③ among young → (正) among young people または among the young [youth]

▶ young は形容詞なので、前置詞 among の後ろに単独では配置できません。ここでは young を **young people** に変えるか、the を置いて **the young** にする必要があります。なお、名詞 youth で the youth とすることも可です。

語句 popularity 名「人気」、last 自「続く」

和訳 その歌手はすぐに若者の間で人気を得たが、それも長くは続かなかった。

9 ① much like → (正) much alike

▶「似ている」という意味で like を形容詞として用いる場合は、名詞を修飾する限定用法になります。be動詞の補語になる叙述用法としては **alike** を用います。なお、afraid, alike など a- で始まる形容詞や、superior, preferable など比較の意味を含む形容詞は much で修飾されます。

語句 know ～ from ... 熟「～を…と区別する」

和訳 その双子はとても似ているので、人々は2人を区別するのがとても難しいと思っている。

10 ② scarcely no → (正) scarcely any

▶ 副詞 scarcely「ほとんど～ない」はそれ自体に否定の意味が含まれているので、後ろに否定語の no を置くことはできず、no を **any** に直す必要があります。

語句 communication 名「連絡、情報交換」

和訳 私たちは第二次世界大戦以来、彼らとはほとんど音信不通だ。

1〜20：空所に最も適切なものを選んで入れよ。

1 This cotton fabric feels ☐ like silk.

① soft   ② softly   ③ softness   ④ soften

（東北福祉大）

2 The students were made ☐ home early because of the approaching storm.

① return   ② returned   ③ returning   ④ to return

（近畿大）

3 Late ☐ it was, we decided to eat out at a French restaurant.

① before   ② when   ③ though   ④ how

（工学院大）

4 She will have finished reading the book ☐ .

① until her boyfriend comes   ② after her boyfriend came
③ while her boyfriend came   ④ by the time her boyfriend comes

（福岡大）

5 ☐ , I can't really say whether I like him or not.

① Never having met him   ② Never meeting him
③ Never to have met him   ④ Never to meet him

（岐阜大）

6 Not only Rie but also her mother ☐ to that chorus club.

① belong   ② belongs   ③ is belonging   ④ are belonging

（大阪経済大）

124

7 [____] you give me a free ticket, I still won't go to the concert because I don't like rock music.

① Even ② Even so ③ Even if ④ Even with

（南山大）

8 This website contains [____] information on new movies.

① many ② several ③ few ④ lots of

（立教大）

9 A person's worth is to be estimated not so much by his social position [____] by his character.

① as ② as well ③ rather ④ than

（鹿児島大）

10 [____] that such a thing would happen to all of the guests staying at the hotel.

① Little did I dream ② Little dream did I
③ Little I did dream ④ Little dream I did

（清泉女子大）

11 The longer the members of the party were lost in the mountains, [____] to freeze to death.

① they were more likely ② they were less likely
③ the less likely they were ④ the more likely they were

（国士舘大）

12 If I _____ about today's sale, I wouldn't have bought this last week.

① know ② have known ③ would know ④ had known

（東海大）

13 I would say _____ from her current symptoms, the patient may have cancer of the large intestine.

① having been judged ② having been judging
③ judged ④ judging

（杏林大）

14 Do you mean that the whole building _____ to you?

① is belong ② is belonging ③ belongs ④ belong

（中部大）

15 _____ tourism, the main industry in the state is fish farming.

① Instead ② In case of ③ Aside from ④ In favor

（青山学院大）

16 They are not interested in reading poetry, _____ in writing it.

① much more ② less than ③ still more ④ still less

（山梨大）

17 When I was a child, the man treated me as if I ⬜ his own daughter.

① am   ② have been   ③ were   ④ will be

（近畿大）

18 Neither the new manager nor the previous ones ⬜ trusted by the employer.

① has ever been   ② have ever been
③ has never been   ④ have never been

（松山大）

19 Can you smell something ⬜?
Oh my goodness. It's our dinner!

① burn   ② burning   ③ is burning   ④ to burn

（慶應義塾大）

20 ⬜ her return from holiday in Thailand, Nancy has been in good spirits.

① Just   ② Only   ③ Since   ④ Upon

（東京理科大）

21〜25：与えられた語句を並べ替えて，文を完成させよ。

21 もう少しだけ辛抱強かったら，その賞を取れたかもしれないのに。
You ⬜ ⬜ ⬜ ⬜ ⬜ ⬜ a little more patient.

① been   ② had   ③ have won   ④ might
⑤ that prize   ⑥ you

（近畿大）

22 彼女が何年も前に起きたあの出来事を覚えているわけがないと僕は確信している。

I ☐ ☐ ☐ ☐ ☐ ☐ that happened years ago.

① am ② not ③ of her ④ remembering
⑤ sure ⑥ that event

（近畿大）

23 努力する者は必ず進歩すると，よく耳にする。

It is often ☐ that ☐ ☐ efforts ☐ ☐
☐ ☐ ☐ .

① makes ② make ③ to ④ whoever
⑤ said ⑥ progress ⑦ cannot ⑧ fail

（専修大）

24 表紙が青色のその本は彼のものだと判明した。

☐ the cover ☐ ☐ ☐ ☐ ☐
☐ ☐ his.

① turned out ② be ③ is ④ which
⑤ the book ⑥ of ⑦ to ⑧ blue

（専修大）

25 彼女はよい席が取れるように，劇場に早く到着した。

She arrived at the theater early ☐ ☐ ☐ ☐
☐ ☐ ☐ a good seat.

① as ② be ③ getting ④ of ⑤ so ⑥ sure ⑦ to

（立命館大）

26～30：下線部のうち，誤りを含むものを選べ。

26 ① He had to practice <u>flying</u> in various weather conditions before he could get his pilot's license.
② He refused <u>answering</u> any more questions.
③ They were considering <u>opening</u> an office on the east side of the city.
④ William had done everything he could to avoid <u>talking</u> to me.

（日本大）

27 ① A friend of mine gave me some <u>advices</u> about buying a house.
② I think homework should not be used as a <u>means</u> of controlling children.
③ My son finds it hard to make <u>friends</u> with other children.
④ There will be tax increases on a wide range of <u>goods</u> and services.

（日本大）

28 Tom has been working ①<u>at</u> the local plant ②<u>for</u> half a year now, but he is not ③<u>yet</u> financially independent ④<u>on</u> his parents.

（学習院大）

29 ①<u>This</u> is the athlete ②<u>whom</u> everyone ③<u>says</u> will win the gold medal at ④<u>the Winter Olympic Games</u>.

（専修大）

30 ① Good education will help us <u>succeed in</u> life.
② If you would like to <u>discuss about</u> the problem further, please call me.
③ My brother <u>graduated from</u> Harvard University with a degree in psychology.
④ They are always <u>arguing with</u> each other about money.

（日本大）

正解と解説 ランダム30題で力だめし！

問題は p.124

1 ①

▶〈feel＋C〉で「〜の感じがする」という〈S＋V＋C〉のパターンです。補語には形容詞が置かれるので，① **soft** が正解になります。

語句 cotton 名「綿」，fabric 名「織物」

和訳 この綿の織物は絹のように柔らかな肌触りだ。

◯ **第12章 形容詞・副詞の語法「差がつく10題」1 参照** (p.120)

2 ④

▶〈make＋O＋*do*〉で「O に do させる」という使役の意味ですが，この表現を受動態にする場合は **be made to *do*** という形で動詞の原形ではなく，**to不定詞**が必要になります。よって，正解は ④ **to return** です。 語句 approach 自「接近する」

和訳 嵐が近づいていたため，生徒たちは早く帰宅させられた。

◯ **第1章 時制・態「押さえておきたい6題」5 参照** (p.14)

3 ③

▶〈形容詞＋though［as］＋S＋V〉で「〜ではあるが」という**譲歩**の副詞節が示されます。よって，③ **though** が正解です。**Though** it was late に書き換えられます。

語句 eat out 熟「外食する」

和訳 遅い時間だったが，私たちはフランス料理のレストランで食事をすることに決めた。

◯ **第9章 さまざまな構文 ✓Check2 参照** (p.90)

4 ④

▶主節で will have finished の**未来完了**になっている点に着目します。**by the time 〜**で「〜するまでに」という時の副詞節を導く群接続詞ですが，時の副詞節中では，**未来の意味でも現在形を用いる**ので，④ **by the time her boyfriend comes** が正解だと判断できます。

和訳 ボーイフレンドが来るころまでには彼女はその本を読み終えているだろう。

◯ **第1章 時制・態 ✓Check1 参照** (p.12)

5 ①

▶文中に**接続詞**が示されていないことから**分詞構文**が適切だと判断します。As I have never met him という節の接続詞 As が削除され，have（never）met が having（never）met という完了形の分詞構文になります。そして，否定の副詞 never は分詞句の前に置かれるので，① **Never having met him** が正解になります。

和訳 彼には会ったことがなかったので，私は彼を好きなのかそうでないのか，あまり言えない。

◯ **第4章 分詞「差がつく15題」11 参照** (p.50)

130

6 ②

▶not only *A* but also *B*「A だけではなく B も」が主語の位置にある場合には，**動詞は B に一致**します。よって，her mother に一致した ② belongs が正解です。なお，belong to ～「～に所属する」は状態動詞なので，ふつう進行形になりません。

和訳 リエだけでなく彼女の母親も，あの合唱クラブに入っている。

◯ 第 8 章 接続詞 ☑Check 1 参照 (p.82)

7 ③

▶a free ticket「無料チケット」と won't go to the concert「コンサートに行かないつもりです」という意味の対立から，**譲歩の接続詞**が適切だと判断し，③ Even if「たとえ～だとしても」を選びます。なお even though も同様の意味を表しますが，even if ～ は仮定を，even though ～ は事実を表します。

和訳 あなたが無料チケットをくれたとしても，私はロック音楽が好きではないので，やはりコンサートには行かないつもりです。

◯ 第 8 章 接続詞 ☑Check 2 参照 (p.82)

8 ④

▶information は不可算名詞なので，① many，② several，③ few などで修飾することはできません。④ lots of は a lot of と同様に**可算名詞の複数形**でも**不可算名詞**でも修飾することができます。なお，lots は複数形の -s がついていますが，〈lots of ＋不可算名詞〉は単数扱いになります。

和訳 このウェブサイトには新しい映画についてのたくさんの情報がある。

◯ 第 10 章 名詞・代名詞の語法「押さえておきたい 6 題」3 参照 (p.100)

9 ①

▶not so much *A* as *B* で「A というよりむしろ B」という意味を表す慣用表現です。よって，正解は ① as になります。なお，この文中の is to be estimated は「評価されるべきだ」という意味で，**be to *do*** が「～するべき」という意味で用いられています。 語句 worth 名「価値」，estimate 他「～を見積もる，評価する」

和訳 人の価値はその社会的地位ではなくむしろ性格によって判断されるべきだ。

◯ 第 5 章 比較「差がつく 15 題」10 参照 (p.58)

10 ①

▶文頭に Little「ほとんどない」という**否定的な語**が置かれることになるので，**倒置文**が適切です。よって，① Little did I dream が正解です。②や④では dream が名詞になってしまい，主動詞が不足します。③は倒置になっておらず，過去形の動詞 dreamed を用いずに，助動詞 did で過去の時を示す理由がありません。

和訳 ホテルに滞在中の客全員に，そんなことが起ころうとは私は夢にも思っていなかった。

◯ 第 9 章 さまざまな構文「押さえておきたい 6 題」2 参照 (p.92)

11 ④

▶〈the＋比較級 〜, the＋比較級 ...〉で「〜であればそれだけ, より…である」という意味の相関的な表現になります。ここでは The longer 〜, the more likely ...「長く〜すればするだけ, より…する可能性が高くなる」とすればよく, ④が正解です。ここでは〈S＋be likely to *do*〉「S は *do* しそうである」の形容詞 likely が比較級になっています。

語句 freeze to death 熟「凍死する」

和訳 登山パーティーのメンバーが山中で迷っている時間が長くなればなるほど, 凍死する可能性がより高くなった。

◯ 第 5 章 比較 ☑Check 2 **参照** (p.52)

12 ④

▶コンマの後ろが wouldn't have bought と**仮定法過去完了**の帰結節の形になっていることから, ④ **had known** を入れ, 仮定法過去完了の条件節を作ります。

和訳 今日のセールのことを知っていたら, 先週これを買わなかっただろうに。

◯ 第 2 章 助動詞・仮定法「押さえておきたい 6 題」2 参照 (p.24)

13 ④

▶judging from 〜 で「〜から判断すると」という**分詞構文**の慣用表現です。よって, ④ **judging** が正解。would は婉曲的に「(おそらく)〜だろう」という意味。また say のあとで, 目的語の that 節を導く that が省略されています。

語句 current 形「現在の」, symptom 名「症状」, cancer 名「癌（がん）」, large intestine 名「大腸」

和訳 現在の症状から判断すると, その患者はおそらく大腸に癌があるかもしれない。

◯ 第 4 章 分詞 ☑Check 2 **参照** (p.42)

14 ③

▶belong to 〜「〜に属する, 〜のものである」は**状態動詞**なのでふつうは進行形になりません。よって, 現在形の③か④になりますが, that 節の主語が the whole building と単数形なので, ③ **belongs** が正解です。 **語句** mean 他「〜を意味する」

和訳 建物全体があなたのものだということですか？

◯ 第 1 章 時制・態 ☑Check 2 **参照** (p.12)

15 ③

▶aside from 〜 で「〜のほかに」という意味になるので，③ Aside from が正解です。①は instead of 〜 で「〜の代わりに」，②の in case of 〜 は「もし〜の場合には」，④は in favor of 〜 で「〜に賛成して，〜に有利になるように」です。

語句 tourism 名「観光（業）」，fish farming 名「養殖業」

和訳 観光業のほかに，その州の主要産業は魚の養殖です。

▶ **第7章 前置詞「差がつく15題」9 参照** (p.78)

16 ④

▶空所前が否定文になっている点を確認します。〈否定文＋much［still］less 〜〉で「まして［なおさら］〜でない」という意味になります。よって，④ still less が正解です。なお，空所後の in は be interested in 〜「〜に関心がある」の in です。

語句 poetry 名「（ジャンルとしての）詩」

和訳 彼らは詩を読むことに関心がないし，書くことにはなおさら関心がない。

▶ **第12章 形容詞・副詞の語法 ☑Check③ 参照** (p.117)

17 ③

▶〈as if＋S＋仮定法過去〉で「まるで〜であるかのように」という意味が表現できます。よって，③ were が正解になります。

和訳 私が子供のころ，その男性は私が彼自身の娘であるかのように私を扱った。

▶ **第2章 助動詞・仮定法 ☑Check③ 参照** (p.23)

18 ②

▶Neither A nor B「AもBも〜ではない」が主語の位置にあるときは，**動詞はB に一致**します。よって，ここでは managers を意味する ones に一致し，さらに neither ですでに否定が示されているので，never は使えず，正解は ② have ever been となります。 語句 previous 形「以前の」，trust 他「〜を信頼する」

和訳 新しいマネージャーも前任者たちも雇い主に信頼されてこなかった。

▶ **第8章 接続詞 ☑Check① 参照** (p.82)

19 ②

▶〈smell＋O＋doing〉で「Oが do している臭いがする」という知覚動詞のパターンです。よって，② burning が正解になります。〈smell＋O＋do〉という形では用いない点に注意しましょう。 語句 my goodness 成句「おやおや」

和訳 何か焦げている臭いがしませんか？　あらまあ。私たちの夕食だ！

▶ **第11章 動詞の語法「押さえておきたい6題」6 参照** (p.108)

20 ③

▶コンマより後ろで現在完了が用いられている点に注目します。「〜して以来（ずっと）」という意味が適切なので，③ Since が正解です。④ Upon では「〜すると（すぐに）」という意味となり，ここでは不自然です。

語句 (be) in good spirits 熟「ご機嫌で」

和訳 タイでの休暇から帰ってからずっと，ナンシーは機嫌がよかった。

◎ **第7章 前置詞「押さえておきたい6題」1 参照** (p.74)

21 ④③⑤②⑥①　You might have won that prize had you been a little more patient.
　S　　　V　　　　　　　　O　　　(V')　S'　V'　　　　　C'

▶日本文から**仮定法過去完了**の文だと判断します。まず文頭の主語 You に続けて，〈**助動詞の過去形＋have Vpp**〉で帰結節の動詞句 might have won（④③）を作り，won の目的語として ⑤ that prize を置きます。選択肢に if が含まれていないので，条件節には**倒置**を考えますが，if you had been の **if を省略した倒置**だと判断し，had you been（②⑥①）と配置し，文末の a little more patient につなげます。

語句 patient 形「辛抱強い」

◎ **第2章 助動詞・仮定法「差がつく15題」4 参照** (p.26)

22 ①⑤③②④⑥　I am sure of her not remembering that event that
　　　　　　　　　S　V　C　　　S'　　　V'　　　　　O'
happened years ago.
V''

▶be sure of 〜 で「〜を確信している」という意味になるので，まず，am sure（①⑤）を作り，そのあとに ③ of her を置きます。この **her は動名詞 remembering の意味上の主語**と考え，not remembering（②④）を続けて her not remembering「彼女が〜を覚えていない」とします。最後に動名詞 remembering の目的語として，⑥ that event を置き，後ろの関係詞節 that happened years ago に続けます。

◎ **第3章 不定詞・動名詞「差がつく15題」7 参照** (p.38)

23 ⑤，④①，⑦⑧③②⑥　It is often said that whoever makes efforts
　　　　　　　　　　　　　S　is　　　　　　　　　S'　V''　O''
cannot fail to make progress.
V'　　　　　　O'

▶It is 〜 that ... の形があるので，まず，⑤ said を入れます。that 節中では**複合関係代名詞**の whoever が導く名詞節で whoever makes（④①）のあとに efforts を続けて主語ができ上がり，述部に cannot fail to make progress（⑦⑧③②⑥）を置いて完成します。

語句 make progress 熟「進歩する」

◎ **第6章 関係詞 ☑Check 3 参照** (p.63)

24 ⑤，⑥④③⑧①⑦② The book the cover of which is blue turned out to be his.

▶文の主語が「その本」になるので，まず最初の空所に ⑤ the book を入れますが，直後に the cover が続いているところから，the cover of it（= the book）の it が関係代名詞になったと考え，〈前置詞＋関係代名詞〉で of which（⑥④）を続けます。次いで，関係詞節中の〈動詞＋補語〉を is blue（③⑧）で作り，文全体の主語を完成し，述語動詞の ① turned out に to be（⑦②）を後続させて完成です。

語句 turn out（to be）〜 熟「〜であるとわかる」

🔵 **第 6 章 関係詞「差がつく 15 題」6 参照**（p.68）

25 ⑤①⑦②⑥④③ She arrived at the theater early so as to be sure of getting a good seat.

▶so as to *do* で「do するように」なので，まず so as to be（⑤①⑦②）を作り，be のあとに「きっと〜できる」で sure of（⑥④）を続け，of の目的語に ③ getting を配置して完成です。

🔵 **第 3 章 不定詞・動名詞「押さえておきたい 6 題」6 参照**（p.34）

26 ② answering → (正) **to answer**

▶②の refuse は不定詞を目的語にしますが，動名詞は目的語になりません。よって，answering を **to answer** に変えます。①の practice，③の consider，④の avoid はいずれも動名詞を目的語にします。

語句 various 形「さまざまな」

和訳 ①彼はパイロットの免許を取る前にさまざまな気象条件で飛行の練習をしなければならなかった。②彼はそれ以上質問に答えるのを拒否した。③彼らは市の東側に事務所を開くことを検討していた。④ウィリアムは私と話をするのを避けるためにできることはなんでもしていた。

🔵 **第 3 章 不定詞・動名詞「差がつく 15 題」15 参照**（p.40）

27 ① advices → (正) **advice**

▶名詞 advice は**不可算名詞**なので複数形にはなりません。よって ① advices を **advice** に直します。② means は「手段」，③ make friends with 〜 は「〜と友だちになる」，④ goods は「商品」。

語句 tax 名「税金」，range 名「範囲」

和訳 ①私の友人は家を買うことについて私に助言してくれた。②宿題は子供を管理するための手段として使われるべきではないと私は思う。③私の息子はほかの子供と友だちになるのが難しいと思っている。④広範囲の商品とサービスに対する増税があるだろう。

🔵 **第 10 章 名詞・代名詞の語法「押さえておきたい 6 題」3 参照**（p.100）

28 ④ on →（正）of

▶（be）independent of ～ で「～から独立している」という意味なので，④ on を of に直します。① at は場所，② for は期間，③ yet は not yet で「まだ～していない」で，いずれも誤りではありません。

[語句] plant 图「工場」，financially 副「財政的に」

[和訳] トムは今では地元の工場で働いて半年になるが，まだ金銭的に親から自立していない。

◯ **第 12 章 形容詞・副詞の語法「差がつく 10 題」3 参照** (p.120)

29 ② whom → （正）who

▶everyone says のあとの助動詞 will の主語がないことから，主格の関係代名詞が必要であるとわかるので，② whom を **who** に直します。everyone says（that）S will win ... と考えれば，主語が必要だとすぐに判断できます。

[和訳] この方は，だれもが冬季オリンピックで金メダルを取ると言っている運動選手です。

◯ **第 6 章 関係詞「差がつく 15 題」13 参照** (p.70)

30 ② discuss about → （正）discuss

▶② discuss は**他動詞**なので，about が不要です。① succeed in ～ で「～に成功する」，③ graduate from ～ で「～を卒業する」，④ argue は自動詞で argue with ～「～と議論する」。

[語句] degree 图「学位」，psychology 图「心理学」

[和訳] ①ちゃんとした教育は私たちが人生で成功するのを手助けしてくれる。②この問題をさらに議論したいのであれば，電話してください。③私の兄は心理学の学位を取ってハーバード大学を卒業した。④彼らはいつもお金について互いに言い争っている。

◯ **第 11 章 動詞の語法「差がつく 15 題」11 参照** (p.114)

正解数 1〜12 …「押さえておきたい 6 題」をもう 1 周しよう！

正解数 13〜21 … もう一息で『レベル 3』は完成。「差がつく」問題を中心に復習しよう！

正解数 22〜30 …『レベル 3』はばっちり身につきましたね。『レベル 4』へGO！
